Alt werden Alt sein

Geschichten vom Älter werden

Von Edelgard Lessing

Alt werden Alt sein

Geschichten vom Älter werden

Von Edelgard Lessing

Bibliografische Information der Deutschen Nationalbibliothek:
Die Deutsche Nationalbibliothek verzeichnet diese Publikation in der
Deutschen Nationalbibliografie; detaillierte bibliografische Daten
sind im Internet über http://dnb.dnb.de abrufbar.

Herstellung und Verlag: BoD – Books on Demand, Norderstedt
ISBN: 9783751948883

Für meinen Mann, meine Familien und für alle, die mein Älter- und Altwerden begleitet haben. Was wäre ich ohne Euch alle! Vor allem aber für die Enkelkinder, die Kleinen und die schon Erwachsenen. Danke für all die Zeit, die ihr uns geschenkt habt und immer noch schenkt.

Inhaltsverzeichnis

Prolog

Die Geschichte, die ich erzählen werde, ist meine – aber nicht nur. Denn mit meinem Leben sind die Lebensgeschichten anderer verwoben. Ich beschreibe mein Älter- und Altwerden. Ich berichte über Beschwernisse und Freuden des Alters und Begebenheiten, die mein Älterwerden erleichtert haben. Vielleicht helfen sie Ihnen. Ich beginne mit meiner Verrentung mit 60 Jahren, blicke aber zurück in die Jahre davor und danach. Ich lasse Sie daran teilhaben, wie sich meine Biografie als Flüchtlingskind, Frau in den 68er Jahren, Mutter, Ehefrau und Geliebte oder in meinem Berufsleben entwickelt hat. Bis hin zu meinem 82. Lebensjahr. Sie enthält neben Familienereignissen, dem wunderbaren Umgang mit Enkelkindern und Kindern auch Tragisches, schwer zu Tragendes. Ich schildere das ambivalente Verhältnis zu meiner Kirche, der evangelischen Kirche. Ich erzähle von Freunden und Nachbarn. Ich habe ab 1999 Jahresbücher geführt. Darin finden sich Fotografien, sie schildern besondere Ereignisse mit Kindern und Enkelkindern, Zeitungsartikel und vieles andere.

Ich bin den Jahresbüchern von 1999 bis zum Jahr 2018 für dieses Buch gefolgt. So entsteht eine gewisse Chronologie. Manchmal schaue ich zurück. Manchmal in die Zukunft oder berichte vom Leben, dass ich jetzt im Jahr 2020 führe.

Alter hat viele Gesichter

Wenn ich die Augen schließe, sehe ich sie vor mir. Das Gesicht meiner Mutter. 92 Jahre ist sie geworden. Ihr Gehirn von Demenz zerstört. Sie blickt mich an: traurige Augen, herabgezogene Mundwinkel. Es bricht mir das Herz. Meine tüchtige, intelligente Mutter.

Das Gesicht meines Vaters. Er ist 76 Jahre. Er steht am Fenster und winkt mir nach. Das hat er noch nie getan, der gestrenge Vater. Sechs Wochen nach meinem letzten Besuch stirbt er an einem Herzinfarkt.

Das Gesicht von Lucie, 92 Jahre, eine Freundin seit vielen Jahren. Mit 89 und 90 Jahren neue Hüften, sie nimmt am Leben teil. Übt ein Ehrenamt aus. Reist mit der Nichte auf die Kapverdischen Inseln.

Das Gesicht von Anna, 92 Jahre. Wir feiern ihren 91. Geburtstag. Die Tochter hat in ihr Haus eingeladen. Anna hält Hof. Sie ist umgeben von ihren Kindern, Enkeln und Urenkeln. Der Stolz auf ihre Familie leuchtet aus ihren Augen. Einige Tage später im Pflegeheim ein anderes Bild: Kümmerlich, klagend, weinend sitzt sie vor mir. Ich will sie in die Cafeteria des Hauses führen. Entsetzen in ihren Augen. Ich merke, sie hat Angst, ihr Zimmer zu verlassen. Nach einem Gespräch über unsere gemeinsame Vergangenheit lebt sie auf. Fast wieder die Alte, sie konnte ganze Gruppen unterhalten, zum Lachen bringen.

Das Gesicht von Martha, ihr Körper von Osteoporose gezeichnet, wache Augen, ganz da. Sie war drei Wochen in der Reha-Station des städtischen Krankenhauses. Aufgepäppelt werden. Sie erzählt mir von ihren Erlebnissen dort. Ein junger Arzt empfängt sie mit den Worten: »Wie sehen Sie denn aus? So etwas habe ich ja noch nie gesehen.« Da macht der Ton die Musik. Emotionale Intelligenz dieses jungen Arztes: Null. Was lernen diese Einser-Abiturienten nur während ihres Studiums und ihrer Assistenzzeit?

Das Gesicht von Helga. 85 Jahre, ausgebildete Restaurantfachfrau. Schwere Arbeit, wenn andere feierten, arbeitete sie. Sie bekommt eine Tochter. Diese bleibt ihr Leben lang ihre große Last. Niedergedrückt von der Sorge um die Tochter sitzt sie neben mir. Sie hat sich für sie verschuldet.

Das Gesicht von Gisela, 85. Nach einem Schlaganfall wohnt sie jetzt in einer Seniorenresidenz. Eine vermögende Frau. Nach dem Tod ihres Mannes lebte sie noch einmal richtig auf. Jetzt möchte sie sterben. Ich merke, es ist ihr Ernst.

Das Gesicht von Hildegard, meiner Schwiegermutter. Sie wird 98 Jahre alt, hellwach. Sie schreibt die Geburtstagsbriefe für die Bewohner des Altenheimes. Ein schwerer Sturz, dem ein Hirnbluten folgt, beendet ihr Leben.

So viele verschiedene Gesichter, unterschiedlich gezeichnet vom Leben. Nun will ich Ihnen mein Gesicht zeigen. Ich beginne mit meinem besonderen Berufsleben. Ein Weg, der nicht gerade war, sondern geprägt von den gesellschaftlichen Einflüssen der Zeit. Ich starte mit einer Abschiedsrede.

Rückblick auf die Berufstätigkeit der letzten 20 Jahre – Eine Abschiedsrede

Am 18. September 1998 endet mein Arbeitsvertrag mit dem Kirchenkreis Neumünster. Ich gehe in den – wie heißt es doch – wohlverdienten Ruhestand. Im Februar bin ich 60 Jahre alt geworden. Frauen dürfen zu dieser Zeit mit 60 Jahren, Männer mit 65 Jahren in Rente gehen. Ich nutze das. Am 18. September gibt es einen Abschiedsgottesdienst in der Anscharkirche und ein Fest im Saal des Gemeindehauses. Hauptamtliche und Honorar-Mitarbeiterinnen haben Kuchen gebacken. Viel Auftrieb aus Stadt und Land, viele Reden, und um es kirchlich auszudrücken »Lobpreisungen«.
Auch ich halte eine Rede, die meine Arbeit gut zusammenfasst. Hier ist sie:

»Sind Sie jetzt glücklich, Frau Lessing?«
Diese Frage stellten Sie mir, Herr W. Ich hatte gerade um Auflösung meines Arbeitsvertrages gebeten.
»Glücklich?«, habe ich verwundert gefragt.
Ich lade Sie alle ein, mit mir Rückschau zu halten. Rückschau auf meine Arbeit in der Evangelischen Familienbildungsstätte Neumünster. Die Antwort auf die Frage wird sich von selbst ergeben.

Am 4. November 1977 wird die Stelle der Leiterin der Evangelischen Familienbildungsstätte Neumünster in der Wochenzeitung »ZEIT« ausgeschrieben.
Ich bewerbe mich und werde zur Vorstellung eingeladen. Mein vielleicht zukünftiger »Chef«, Propst Hauschildt fragt, wie es denn

um meinen Glauben und mein Zugehörigkeitsgefühl zu der Evangelischen Kirche stünde. Ich antworte ehrlich, sage, dass seit meiner Konfirmation nicht viel geschehen sei. Na, denke ich, das war es dann wohl. Am 5. Dezember erhalte ich die Zusage. Sie ist unterschrieben mit A. Grosch, Pastorin. Ich denke oft an Probst Hauschildt. Er war mir viele Jahre ein kluger Begleiter.

Am Montag, 3. April 1978 trete ich den Dienst an.

Von Familienbildung weiß ich zu diesem Zeitpunkt nur insoweit etwas, als ich in der Mütterschule des DRK in Duisburg einen Schwangerschaftskurs mitgemacht und mir zwischenzeitlich die Familienbildungsstätte angesehen habe. Ich komme aus einer Stelle als Fachberaterin für Kindertageseinrichtungen der Stadt Duisburg. Geprägt bin ich vom »Situationsorientierten Ansatz für Kindergartenarbeit«. Diesen übertrage ich – was bleibt mir anderes übrig – auf Familienbildung.

Gleich zu Beginn meiner Tätigkeit entwickle ich ein Projekt, das ich »Miteinander leben in unserer Stadt« nenne. Das schafft mir Kontakte zur Stadtverwaltung Neumünster. Verwaltungsstrukturen sind mir vertraut. Im Rahmen dieser Arbeit stellen sich der Jugenddezernent Eberhard Sawade, der SPD-Kreisvorsitzende Jürgen Oldenburg und Stadtrat Helmut Loose den Fragen von Kindern zu ihrer Stadt. Wie kinderfreundlich ist Neumünster? Helmut Loose – zu dieser Zeit Stadtpräsident – plant mit den Kindern einen Spielplatz, der auch gebaut wird.
Ich gewinne Kolleginnen anderer Familienbildungsstätten – darunter Ingrid Schöning aus Bad Segeberg – ein ähnliches Projekt, in ihrer Stadt durchzuführen.

Eine Ausstellung dieser Aktivitäten auf der landwirtschaftlichen Fachmesse NORLA macht die Parlamentarische Staatssekretärin Annemarie Schuster auf uns aufmerksam. Aus »Miteinander leben in unserer Stadt« wird „Miteinander leben in unserem Land". Beteiligte Kinder des Projektes lernen auf diese Weise den Ministerpräsidenten des Landes Schleswig-Holstein – Gerhard Stoltenberg – kennen. Ich natürlich auch. Viele wichtige Kontakte in Stadt und Land auf zwanglose Weise in kurzer Zeit. Der »Situationsorientierte Ansatz« hat sich bewährt. So folgen in den nächsten Jahren ähnliche Projekte.

Meine Liebe zu den Kindergärten und vor allem mein Expansionsdrang auch sie zu beglücken, findet dagegen wenig Gegenliebe. Schusterin bleib bei deinen Leisten und mache Familienbildung. Ich bin 40 Jahre alt, mir ist das zu wenig.

Nach dem Motto, auf einem Bein steht es sich nicht gut, werbe ich beim Arbeitsamt Lehrgangsarbeit mit arbeitslosen Mädchen und Frauen ein. Als dann die jungen Mädchen jeden Vormittag das Haus bevölkern, beginnt die Amtsmeisterin, Anna Brockstedt, das ganze Spektakel mit Abstand und Misstrauen zu betrachten. Aber nach einiger Zeit bekommt der Lehrgang ein eigenes Haus. Heute ist diese Arbeit ein eigenständiger Zweig im Diakonischen Werk.

Es folgen die 80er Jahre und die heiße Phase der Emanzipation der Frau. Sie kann und darf an der Evangelischen Familienbildungsstätte (im folgenden kurz FBS genannt) nicht spurlos vorübergehen, zumal ich von Annemarie Schuster in die Kommission für Frauenfragen berufen werde. Mein Herz, das bis dahin für Kinder geschlagen hat, wendet sich der Arbeit mit Frauen zu. Selbstsicherheitstrainings – nur für Frauen,

Frauengesprächskreis am Vormittag, Rhetorik-Kurse für Frauen, Schneewittchen und die sieben Zwerge, Knoten beim Emanzipieren, »Die Familie der Frauen ist nicht die Familie der Männer« ... Das Kursprogramm natürlich in lila Heften,

Kein Tag vergeht, an dem ich nicht mindestens dreimal jemanden verbessere – im Zweifelsfall einen Mann – der Teilnehmer oder Kursleiter und nicht Kursleiterin oder Teilnehmerin sagt.

Eine Ausstellung zur »Frauensituation 1984« im Landeshaus, die ich gemeinsam mit Ina Fokuhl (Mitarbeiterin der FBS Bad Segeberg) und Carola Jonischkeit (Fotografin) gestalte, soll unser emanzipatorisches, feministisches Profil stärken. Der SPD ist sie nicht kritisch genug, der CDU (ein bisschen!) zu kritisch. Ich halte eine Sprechstunde für Frauen ab, gemeinsam mit Monika-Beate Hirsch – damals Vorsitzende des Landesverbandes der DAG.

Der Star aber, ist unser »Frauenpolitischer Stammtisch«, der uns viele Jahre begleitet. Frauen wie: Annemarie Schuster, Dr. Renate Richter, Sozialministerin Ursula Gräfin Brockdorff, Elisabeth Lingner, Eva Rühmkoff, Waltraud Schoppe, Dr. Anke Martiny, Ingrid Roitsch, Gisela Börk, Ute Erdsiek Rave, Professorin Dr. Ingelore Welpe, an der Fachhochschule Kiel zuständig für Emanzipationsfragen. Alle kommen sie und finden große Resonanz.

»Knüller«, nennen die Kieler Nachrichten am 20. August 1986 die Veranstaltungen.

Dass Männer zunehmend mehr Abstand von mir nehmen, sollte mich eigentlich nicht wundern. Aber manchmal tut es weh!

In den 80ern bewegt sich mehr, als mir lieb ist.

Im November 1985 werde ich zur Vorsitzenden der Arbeitsgemeinschaft Nordelbischer Familienbildungsstätten gewählt. Ich habe einige verbündete Leiterinnen. Diese Ehre wäre mir sonst unerträglich geworden. Viele Leiterinnen machen mir das Leben schwer. Bisher hatte dieses Ehrenamt ein Pastor, ein Mann. Es gibt einen anderen Wermutstropfen. Das Nordelbische Frauenwerk wirft uns raus. Die Trägerschaft der Nordelbischen Familien-Bildungsstätten und insbesondere der FBS Neumünster wird gekündigt. Bis heute bleibt mir das unverständlich. Schließlich haben gerade wir emanzipatorische Frauenarbeit gemacht.

Wir finden bald ein neues Dach. Das Diakonische Werk Rendsburg – das unsere Arbeit offensichtlich schätzt – nimmt uns auf. Die Stelle einer Referentin für Familienbildung wird eingerichtet und eine Mitarbeiterin der Neumünsteraner Einrichtung, Birthe Gerdsen, übernimmt die Stelle. Wir sind nach oben gefallen!

Im Juni 1986 besucht Roger Ausmussen, Finanzminister des Landes Schleswig-Holstein die FBS. Wir machen ihn auf die wenig verankerte Finanzierung der Familienbildungsstätten aufmerksam. Die Stadt Neumünster hat gerade ihren Beitrag für die FBS von 6000 auf 3000 Mark gekürzt. Er lobt uns. Immerhin leistet das Land einen erheblichen Beitrag zum Kauf und zur Renovierung unseres Gesundheitshauses Vicelinstraße, dass am 11. September 1987 eingeweiht wird.

Langsam bahnt sich ein Wandel in der Arbeit der FBS an. Wir bekommen die Familie als Ganzes in den Blick. Ein Mann, ein Sozialpädagoge, wird eingestellt.

Im Jahr 1988 heißt die zentrale Veranstaltung der Einrichtung: »Lobby für Familien gesucht«.

»Dürftige Antworten der Politiker«, schreibt der Holsteinische Courier über diese Veranstaltung am 4. November 1988. Gemeinsam mit der Gleichstellungsbeauftragten, Irene Löhrius, stellen wir am 5. September 1990 Kinderkrippen zur Diskussion. Prof. Wassilios Fthenakis, Direktor für Frühpädagogik und Familienforschung München, gibt ein Plädoyer für Kinderkrippen ab. Diese Veranstaltung bewegt lange die Gemüter vieler Frauen. Sagt der Mann doch tatsächlich: »Bei gut eingerichteten und personell gut besetzten Einrichtungen ist eine solche Arbeit für ein Kleinkind sinnvoller als eine Mutter mit Einzelkind zu Hause.«

»Der Gemeindesaal platzte aus allen Nähten«, schreiben die Kieler Nachrichten am 7. September.

Familienbildung ist – muss auch – politisch sein, das ist mein Anspruch, der sich in dieser Zeit festigt. Die Überschriften zu den Artikeln über das jeweilige Jahreskursprogramm in den beiden Zeitungen der Stadt, »Holsteinischer Courier« und »Kieler Nachrichten« dokumentieren denn auch, wohin die Arbeit in den 90er Jahren geht. Schwerpunkt: Eltern-Kind-Arbeit. In der Familienphase bewusst ... am Ball bleiben. Für mich findet diese Phase ihren vorläufigen Abschluss in der Familiendemo am 20. September 1989. Der »Courier« geht mit Familie in Serie. Familienfotos auf der ersten Seite.

Dies ist ein guter Platz, um den Redakteurinnen und Redakteuren der hiesigen Zeitungen zu danken. Sie haben unsere Arbeit begleitet, unterstützt, dokumentiert. Ohne sie wäre vieles so nicht möglich gewesen.

Spätestens 1994 wird das Geld knapp. Sparzwänge richten sich vor allem auf freiwillige Leistungen. Das Land will die Mittel für Familienbildung kürzen. Die Familienbildungsstätten Schleswig-Holstein starten eine Bumerang-Aktion. Sie verteilen Bumerangs mit entsprechender Aufschrift an die Landtagsabgeordneten. Die Aktion ist erfolgreich. Die Streichung wird zurückgenommen.

Der Kirchenkreis Neumünster richtet wenig später einen Prioritäten-Ausschuss ein. Sparen – streichen ist angesagt. **Wer nicht kämpft, hat schon verloren. Wir tun dies.** So kann die FBS unter dem Dach des Diakonischen Werkes Neumünster erst einmal in die Zukunft schauen.

Die Leiterin einer Einrichtung prägt diese, sagt man. Das ist wohl so – ich ergänze: immer aber auf der Grundlage der Zeitströmungen. Anpassung und Flexibilität sind unerlässlich.

Für die Evangelische Familienbildungsstätte Neumünster bedeutete das: Situationsorientierte Arbeit Ende der 70er Jahre bis Anfang der 80er Jahre.

Emanzipatorische Frauenarbeit in den 80er Jahren.

Politische Familienbildung in den 90er Jahren

Eine neue Leitung in einer anderen Zeit, wird andere Arbeit unerlässlich machen. Ich habe diese FBS 20 Jahre geleitet. Glücklich bin ich nicht, Herr W., obwohl ich auf eigenen Wunsch schon jetzt gehe. Ich bin dankbar für 20 Jahre Arbeit in und für die Familienbildungsstätte Neumünster.

Ich durfte mich entwickeln.

Ich konnte meine Fähigkeiten ausschöpfen.

Ich bin Christinnen und Christen begegnet, die mir ein Vorbild waren und sind.

Ich habe die gute Botschaft Jesu Christi entdeckt und bin meinem Glauben näher gekommen. Ich bin traurig, wehmütig, dass eine so wunderbare Zeit zu Ende geht.

Neugierig, auf das, was kommen wird

Ich gehe durch meine Stadt, in der ich viele Menschen kennenlernen durfte. Nach einigen Aufräumarbeiten im Haus, laufe ich durch die Innenstadt und frage mich: Wer bin ich nun eigentlich? Was will ich noch? Ich bin fast 61 Jahre. Nicht alt, nicht mehr jung. Ein Pastor, der eine »Lobrede« auf mich gehalten hat, blickt beiseite. Er will mich offensichtlich nicht sehen. In meiner Kirchengemeinde fühle ich mich fremd. Da ich für den Kirchenkreis tätig war, habe ich wenig Anbindung an meine Gemeinde. Eine regelmäßige Gottesdienstbesucherin war ich nie. Mein Mann ist viel abwesend. Er arbeitet bundesweit an zahlreichen Orten: Er ist in Bayern, Mecklenburg-Vorpommern, China, Usbekistan und anderen Orten und Ländern. Oft gehen seine Seminare über mehrere Wochen. Meine Berufstätigkeit hat mich so ausgefüllt, dass das nicht so ins Gewicht fiel. Ich merke, dass ich tun muss, was ich immer getan habe, ich muss aktiv werden.

Irmgard Gillert, meine Stellvertreterin, hat eine Zusatzausbildung in Geragogik gemacht. Sie hatte viele fruchtbare Ideen mitgebracht. So auch die Faustregeln für ein zufriedenes Alter. Irmgard (kurz Irmi) wird in nicht so ferner Zukunft 60 Jahre, deshalb diskutieren wir die Regeln ausgiebig. Ich will sie hier wiedergeben.

Faustregeln für ein zufriedenes Alter

- Bereite Dich rechtzeitig auf Dein Alter vor.

- Überlege, ob Du in den letzten Dienstjahren Arbeitszeiten reduzieren kannst.

- Wie lange und wie viel Du arbeiten möchtest.

- Schaffe Dir ein Nebenamt, eine Aufgabe, die Dir vermittelt, dass Du wichtig bist und gebraucht wirst.

- Erhalte Deine Kompetenzen, bleibe dran, lerne weiter, auch Hänschen und Grete können in jedem Alter lernen.

- Bleibe neugierig und aufgeschlossen.

- Bleibe in Bewegung in Körper, Seele, Geist.

- Wiederentdecke Deine unterschiedlichen Talente, entwickle und pflege sie.

- Tue Dich mit Gleichgesinnten zusammen. Verkrieche Dich nicht.

- Überlege, wie, wo und auch mit wem Du im Alter leben und wohnen möchtest.

- Du brauchst Freunde. Ehemann und Ehefrau und Kinder reichen nicht.

- Bleibe für Dich selbst verantwortlich.

- Suche das Gespräch mit der jüngeren Generation, sie sind die Zukunft.

- Beachte, dass Dein Sterben zu Deinem Leben gehört und vielleicht auch Krankheit und Pflegebedürftigkeit. Triff Vorsorge.

Welcher dieser Faustregeln ich in den 20 Jahren meines Rentner-innen-Daseins bewusst oder unbewusst gefolgt bin, will ich im Folgenden überprüfen. Vielleicht helfen sie auch Ihnen.

Irmgard Gillert, Lehrerin, Pastorenfrau, Familienfrau und zunächst Kursusleiterin, dann hauptamtliche Mitarbeiterin der FBS, hat noch mehr in ihrem Rucksack eingepackt. Sie ruft einen Hospiz-Verein ins Leben:»Menschen in den letzten Wochen, Tagen, Monaten ihres Lebens begleiten.« Das Projekt wird gestartet. Interessierte Frauen und Männer (viel mehr Frauen als Männer) werden gefunden. Ich bin Supervisorin und habe eine Zusatzausbildung in Rhetorik gemacht. Ich übernehme das »Helfende Gespräch«. Aber dies ist eine ganz andere Arbeit. Ich muss viel dazulernen. Wie sich dann bald zeigt, hilft mir das auch im Privaten weiter. Heute gibt es einen Hospiz-Verein mit einigen hauptamtlichen und vielen ehrenamtlichen Mitarbeiterinnen und ein angemietetes Haus. Der Säugling ist erwachsen geworden.

Ein erster Versuch, mich ehrenamtlich zu betätigen und eine Mütterkur

Ich krame die Faustregeln für ein zufriedenes Alter hervor und hänge sie an meinem Merkbord auf.

Suche Dir ein Nebenamt.

Im Jahr 1999 schreibt das Seniorenbüro der Stadt Neumünster eine Ausbildung zum »Seniortrainer« aus. Ich bewerbe mich, bekomme eine Absage. Ich tröste mich. Vielleicht bin ich ihnen zu qualifiziert. Aber es schmerzt. Das fängt ja gut an! Als Supervisorin habe immer nebenbei mindestens eine Supervision (heute nennt sich das meist Coaching) gemacht, um dranzubleiben. Da muss ich Bewerbungen starten und Möglichkeiten suchen, mich vor allem über Neumünster hinaus bekannt zu machen. Ich will damit etwas warten. Erst einmal eine Mütterkur, beschließe ich: Ausruhen, nachdenken, mich mit Frauen auf einer anderen Ebene austauschen. Nicht mehr verantwortlich sein. Bayern ist gut, denke ich. Ich informiere mich beim Nordelbischen Frauenwerk, die sind zuständig für einige Mütterkurheime in Schleswig-Holstein. Die kennen sich aus. Ich habe in meiner Einarbeitungszeit in der FBS in Büsum ein Mütter-Kind-Kurheim kennengelernt. Vier Wochen Hospitation in einer Kur für Mütter und ihre behinderten Kinder. Die Arbeit hat mich erschüttert und hinterließ Spuren. Das will ich nicht. Ich suche ein Mütterkurheim nur für Mütter, Frauen. Meine Wahl fällt auf Oberstdorf. Da ich selbst bezahle, brauche ich nur anzurufen und eine Zeit vereinbaren. Ich bekomme bald einen Termin und fahre mit dem Auto nach Bayern. Es gefällt mir auf Anhieb. Junge

Frauen, ältere Frauen, Frauen, die zu Hause ihre Mutter oder den Vater pflegen, Mütter mit behindertem Kind, Frauen, die eine Scheidung hinter sich haben und nun alleinerziehend sind, Mütter mit vielen Kindern, Mütter, die eine schwere Krankheit hinter sich haben. Ich bin die Älteste, beginne mich wohlzufühlen und finde bald Anschluss. Viele Wanderungen in die Berge, gesunde Ernährung, Angebote, Gespräche mit den Kurleiterinnen zu führen. Es wird viel gesungen, und da es eine evangelische Einrichtung ist, gibt es immer mal wieder eine kleine Andacht. Ich freunde mich mit Gertrud aus Berlin an. Sie arbeitet im Ministerium für Frauen, Soziales und Gesundheit, so oder ähnlich hieß das damals. Gertrud ist zuständig für die Arbeit der Mütterkurheime. Ich erzähle ihr, was ich beruflich gemacht habe. Nachdem drei Wochen vergangen sind, bietet sie mir an, in Berlin mit ihr gemeinsam eine Fortbildung für Leiterinnen und Träger von Mütterkurheimen durchzuführen. Wir erarbeiten ein vorläufiges Konzept. Sie fragt mich, ob ich nicht Lust hätte, Urlaubsvertretungen zu machen. Mir fällt ein Stein vom Herzen. Natürlich will ich.

Wiederentdecke Deine unterschiedlichen Talente, entdecke und pflege sie.

Ich frage mich nicht, ob ich das überhaupt kann, sondern sage sofort zu. Anfang 2000 starten Gertrud und ich die dreitägige Fortbildung in Berlin. Sie ist mäßig erfolgreich. Mütterkurheime sind teure Angelegenheiten. Die Krankenkassen verlangen Ärztinnen und/oder Psychologinnen für das Mitarbeiterinnen-Team. Das können sich die Kurheime nicht leisten. Dafür sind sie zu klein. Nur dann sollen die Kuren künftig mitfinanziert werden. In den nächsten Jahren schließen viele dieser Einrichtungen. Nur die Mutter-Kind-Heime werden noch gehalten. Heute ist das anders. Im Internet lese ich, dass Mütterkuren seit 2007 Pflichtleistung des KGV sind. Derzeit gibt es fünf Mütterkurheime und 71 Mutter-Kind-Kurheime.

Bald bekomme ich die erste Anfrage. Vom 28. Juli-15. Oktober soll ich eine Urlaubsvertretung übernehmen. Bad Überkingen, ein Mütterkurheim. Wo ist Bad Überkingen? Ich mache mich kundig. Ein kleiner Ort auf der Schwäbischen Alb. Ulm ist nicht weit. Ich rufe dort an. Ein gutes Gespräch. Ich bekomme ein Zimmer im Mitarbeiterinnentrakt. Ich fahre mit dem Auto nach Bad Überkingen. Die Arbeit ist nicht anstrengend. Ich genieße die Zeit. Gute Gespräche, kleine Andachten in der nahegelegenen Kapelle, Wanderungen in der Umgebung. Eine reizvolle Gegend. Ein Obstjahr, Äpfel in Hülle und Fülle. Früher muss das eine arme Gegend gewesen sein. Viel Steine gab`s und wenig Brot, denke ich bei Wanderungen in die Umgebung. Eines Nachts landet eine Fledermaus in meinem Zimmer. Ich wache auf, weil mein Gesicht von etwas Undefinierbarem gestreift wird und merkwürdige Töne die Luft erfüllen. Ich mache Licht. Ist das eine Fledermaus? Am nächsten Morgen frage ich nach. Ja, in den dunklen Ecken des Geländes sind Fledermäuse zu Hause. In den Nächten darauf kippe ich mein Fenster nur. Es ganz zu öffnen, traue ich mich jetzt nicht mehr. Fledermaus-Besuch ist kein angenehmer Besuch. Ein Ausflug nach Ulm. »Bergfest« und Abschiedsfest. Sie werden mich wieder einsetzen, höre ich zum Abschied.

Das Jahr 2000. Ein gutes Jahr für mich. Reisen nach Sylt. Mütterkur in Badenweiler, Expo in Hannover, ein paar Tage Leipzig. Die Reisen nicht so lang und nicht so weit. Ein Urlaub in Oberstdorf mit den Kindern Siegfried und Hanne und den Enkelkindern Janne und Bernd. Aber ich habe zwei alte Damen die auf mich warten. Meine Mutter und Tante Hilde.

Ein Rückblick auf meine Mutter

Meine Mutter ist an Demenz erkrankt. Schon als wir 1991 ihren 80. Geburtstag feiern, sind Anzeichen erkennbar. Ihr Orientierungssinn ist gestört, das Kurzzeitgedächtnis hat nachgelassen. Ich besuche sie regelmäßig in Duisburg. Einmal im Monat mindestens ein Wochenende. Ich fahre mit ihr in den Urlaub nach Bad Kissingen und Büsum. Das tut ihr gut. Ich organisiere eine tägliche Betreuung. Am Wochenende ist sie allein. Sie hat gute Kontakte zu ihrer Kirchengemeinde, zu anderen Ostpreußinnen und zu Tante Friedel, einer Verwandten, die in der Nähe wohnt. Die beiden rufen sich jeden Tag an und sehen sich manchmal. Das beruhigt mich. Bei meinen Besuchen fällt mir auf, dass in allen Schränken eine große Unordnung herrscht. Jedes Mal räume ich alles wieder an die richtige Stelle und sorge dafür, dass sie gut und gepflegt aussieht. Ein paar Wochen im Jahr macht sie bei uns Urlaub. Aber immer ist da der Wunsch von ihr, nach Hause zu fahren Sie verlässt allein das Haus, sie läuft zum Bahnhof. Wir müssen sie suchen. Einmal bringt der Nachbar sie mit. Wenn meine Schwiegermutter, Hildegard Lessing, dabei ist, wird es leichter. Ich bin oft ungeduldig mit ihr. Ich kann nur schwer ertragen, dass meine tüchtige, kluge Mutter langsam verschwindet. Ich muss mir immer wieder klar machen, dass sie krank ist. Das ist für mich schmerzhaft zu begreifen. Im Jahr 1996 geht es nicht mehr. Die Nachbarn im Haus warnen. Meine Mutter vergisst, das Gas auszumachen. Ich hole sie nach Neumünster. Ein paar Wochen lebt sie bei uns. Da ich berufstätig bin, organisiere ich eine Tagesbetreuung. Dann bekomme ich für sie einen Platz im Ansgarstift. Ein nettes Einzelzimmer. Ein Jahr später zieht ihre Schwägerin, meine Tante Hilde, ebenfalls in das Haus. Aber die Gegenwart der anderen hilft beiden nicht. Meine Mutter ist schon zu verwirrt. Am Heiligabend 1999 stirbt Tante Hilde während der Weihnachtsfeier an Herzversagen.

Ein Erlebnis in dieser Zeit hat sich bei mir eingeprägt. Ich habe meine Mutter in die Laeisz-Halle nach Hamburg zu einem Bruckner-Konzert eingeladen. Es ist keine Pause eingeplant. Meine Mutter folgt der Musik 90 Minuten aufmerksam und konzentriert. Ich bin froh darüber. Da unsere Plätze in der Mitte der Reihe liegen, wäre ein Gehen nur unter Störung der anderen Besucher möglich gewesen. Nach Ende des Konzerts muss ich mich anstellen, um unsere Mäntel zu holen. Meine Mutter setze ich auf eine der vor den Garderoben stehenden Bänke. Als ich mit den Mänteln zurückkomme, ist sie verschwunden. Verzweifelt suche ich sie im ganzen Haus. Drei Etagen. Bald sind alle Flure leer. Meine Mutter ist nicht zu finden. Um nach draußen zu gelangen, sind viele steile Treppen zu überwinden. Sie kann doch nicht … Ich laufe raus. Es ist kalt. Da ist sie mit wehenden Haaren. »Mutti, warum hast Du nicht auf mich gewartet?« »Ich habe Dich gesucht«, sagt sie erleichtert. Auch ich bin sehr erleichtert.

Mein Mann, Annelies Brockstedt, eine ehemalige Mitarbeiterin, und ich besuchen Mutter, so oft es geht. Meist finden wir sie im Essraum. Ihr Kopf liegt auf dem Tisch. Niemand da, der sich kümmert. Bald kann ich das nicht mehr ertragen. Ich muss eine andere Lösung finden. Ich suche und finde sie. Haus Schwansen in Rieseby, ist ein Heim nur für Demenzerkrankte. Ich habe Glück. Ich bekomme einen Platz in einem Zweibett-Zimmer für sie. Wir ziehen mit ihr um. Die Nachbarn, das Ehepaar Rendigs, stiften einen schönen alten Ohrensessel. Wir nehmen Weihnachtsdecken und ein Bild mit und richten ihr eine gemütliche Ecke ein. Da sitzt sie auf einem Foto vom 1. Dezember 2000 im Sessel, klein und zusammengesunken. Aber dort ist sie gut aufgehoben. Die Bewohner leben in Wohngruppen. Zwei Betreuerinnen sind in jeder Gruppe. Da wird gesungen, beim Kochen geholfen, gebastelt und vorgelesen. Für Mutter ist das fast zu spät. Einmal in der Woche kommt eine Akkordeon-Spielerin und dann wird gesungen. Das kann meine Mutter noch. Sie singt kräftig mit und beim Vollenden von Sprichwörtern ist sie fit. »Wer andern eine Grube gräbt ...«, prompt kommt dann » ... fällt selbst hinein.« Das Haus bietet Sprichwörter in Sammelbänden an.

Ein Park hinter der Einrichtung lädt zum Spazieren ein. Der vorhandene kleine Teich und Flugzeuge am Himmel, die Kondensstreifen hinterlassen, machen ihr Angst. Sind das Folgen der Erlebnisse im Krieg? Später nenne ich das Haus spaßeshalber komfortables »Irrenhaus«. Ein Priester mit eigener kleiner Kapelle, der unentwegt predigt und betet, eine Ärztin aus der Charité Berlin mit Stethoskop um den Hals, ein Studiendirektor – immer noch sehr sportlich – springt aus dem Fenster im ersten Stock. Er bleibt unverletzt.

Die hohen Mehrkosten teile ich mir mit meinen beiden Söhnen. Ich trage die Hälfte, die Söhne je ein Viertel. Meine Mutter, die mithelfende Ehefrau, hat nur eine kleine Rente, die mein Vater nachträglich eingezahlt hat. Die höhere Pflegestufe bewirkt, dass die Kosten steigen. Ich liebe meine Mutter und die Söhne haben sie auch sehr gern. Das Geld tut uns nicht weh.

Im Jahr 2001 feiern wir ihren 90 Geburtstag in einem wunderbaren Restaurant in Sieseby. Die Söhne mit Frau und Freundin kommen aus Köln für ein Wochenende angereist. Wir alle wohnen in einem Hotel in Eckernförde. Für meine Mutter bestellen wir ein Taxi, das für den Transport der nicht mehr so beweglichen Mutter geeignet ist. Kann sie die Stunden mit der Familie genießen? Erkennt sie ihre Enkel? Wir wissen es nicht. Aber manchmal blitzt etwas vom Witz der alten Ostpreußin auf. Sie lächelt verschmitzt. Die Fotografien dokumentieren das. In diesen Jahren lerne ich das Validieren. Ich kenne die Methode zwar aus der humanistischen Psychologie. Der Therapeut, versucht, die Gefühlslage des Gegenübers zu erkennen und zu verbalisieren. Bei Demenzerkrankten hat das noch einmal eine andere Qualität. Ich will hier nur ein Beispiel anführen. Eine Bewohnerin im Haus Schwansen läuft durch die Flure und schreit: »Ich will zu meiner Mutter nach Hause ... Ich will zu meiner Mutter nach Hause!« Die Pflegerin sagt nicht: »Aber Frau Meyer, Ihre Mutter ist doch schon so lange tot«, sondern: »Frau Meyer, wir gehen jetzt ein kleines Weilchen spazieren und dann bringe ich Sie nach Hause in ihr Zimmer.« Ein wenig Körperkontakt und Frau Meyer geht beruhigt mit.

Am 14. April 2003 stirbt meine Mutter. Sie ist 92 Jahre alt geworden. Ihr Sterben ist nicht leicht. Es dauert 14 Tage. Nach dem letzten Atemzug aber, glätten sich ihre Gesichtszüge und es fällt mir schwer, zu glauben, dass sie tot ist. Ich habe viel Zeit, zum Abschied nehmen. Eine weiße Bluse, ein blaues Kostüm, frisierte Haare, ein Sträußchen in den gefalteten Händen, so liegt sie zwei Tage im Abschiedsraum. Dort treffen sich für eine kleine Stunde die Menschen, die sie in diesen letzten Jahren begleitet haben.

Rosemarie, Rosemarie, sieben Jahre, mein Herz nach dir schrie ...
Wird mir von den Pflegerinnen gesagt, war das Lieblingslied meiner Mutter in ihren letzten Monaten. Das Lied wird angestimmt, und die Ersten beginnen zu singen. Nach einigen Sekunden des Befremdens kann ich frohgemut mit einstimmen. Ein Vaterunser zum Schluss. Sterbenswörtchen, die mir Trost und Hilfe waren und sind. Am dritten Tag kommt der Bestatter, und meine Mutter tritt ihre letzte Reise in die Auferstehungskapelle Neumünster an. Wir stehen an der Tür und winken ihr nach. Quälende Fragen stellen sich ein. Wie wird mein Alter werden? Ist Demenz erblich? Auch die Schwester meines Vaters ist daran gestorben. Warum fällt mir nicht mehr ein, wie der Ort hieß, den wir im letzten Jahr besucht haben? Oft blockiere ich mich selbst. In Stresssituationen passiert mir das heute manchmal. Eine Freundin, die Ärztin ist, tröstet mich: »Solange Dir das Wort etwas später einfällt, brauchst Du Dir keine Sorgen zu machen.«
Irgendwann in diesem Jahr bitten meine ehemalige Kollegin Margret Höhne und ich einen Pastor, einen kleinen Bibelkreis zu begleiten. Er sagt zu. Der Kreis wird bis zum Jahr 2017 fast

monatlich stattfinden. Wir lesen in der Bibel und sprechen dann darüber. Kritische Fragen können gestellt werden. Über »Nicht-Glauben-Können« darf geredet werden. Das macht den Kreis so wertvoll für mich. Mir fällt es schwer, an die alten Geschichten zu glauben. Immer noch und immer wieder.

Regelmäßige Diskussionsrunden bereichern das Älterwerden. Sie schärfen meinen Verstand und erhalten mein Vermögen, mich in größeren Gruppen zustimmend oder kritisch zu äußern. Sie ermutigen zu Offenheit. Als junge Mutter, die überwiegend mit ihren beiden Kindern beschäftigt war, ging mir diese Fähigkeit weitgehend verloren.

»Weil Gott nicht überall sein kann, schuf er die Mutter«, steht im Eingang des Evangelischen Mütterkurhauses Bad Überkingen. In der Zeit vom 29. Juli-14. September begleite ich wieder zwei Mütterkuren.

Sorge nicht um das, was kommt.
Weine nicht um das, was vergeht.
Aber sorge, Dich selbst nicht zu verlieren
und weine, wenn Du dahin treibst im Strom der Zeit,
ohne den Himmel in Dir zu tragen.

Aber sorge, Dich selbst nicht zu verlieren.
Darum vor allem, geht es bei der Arbeit mit den Müttern. Eine junge Frau mit drei halbwüchsigen Söhnen ist gekommen. Sie kann nicht aufhören, zu weinen. Wir arbeiten jeden Tag miteinander. Ihr Mann hat sie verlassen. Er hat eine andere

gefunden. Beispielhaft will ich hier einen Auszug aus einem Brief einer Teilnehmerin wiedergeben:

... Wie ging es wohl weiter, nachdem Sie mich aufgerichtet hatten und ich durch Ihre Hilfe die ersten Schritte auf meinem eigenen Weg zu gehen begann? Als ich zu Hause ankam, war mein Mann mit Sack und Pack ausgezogen. Ich ging durch den leeren Raum, sein ehemaliges Arbeitszimmer. Alles hallte, jeder Schritt das überwältigende Gefühl, hier fehlt etwas. Trotzdem weitergehen, durchs ganze Haus. Soweit alles beim Alten. Mit den Kindern Alltag. Es geht Tag für Tag, irgendwie. Meine Arbeit hilft mir, bringt Abwechslung und Zuversicht.

Der Brief umfasst fünf handgeschriebene Seiten. Bei den Gesprächen in Mütterkuren geht es auch um praktische Lebenshilfe. Was muss ich bei der Scheidung beachten? Wie kann ich die Kinder unterstützen, mit der Situation fertig zu werden? Was kann mir in der ersten Zeit nach der Scheidung helfen?
Eine der Gesprächspartnerinnen, wird mich in meinem weiteren Leben begleiten. Sie wohnt im Schwarzwald. Auch ihr Mann hat sie verlassen, ist ausgezogen. Wir bleiben in Kontakt. Sie ist Krankenschwester. Sie findet bald eine gut bezahlte Arbeit bei einer Krankenkasse. Sie hat sich ein kleines Häuschen gebaut.
Gesprächskreise in der FBS gingen über maximal 10 Wochen und dauerten jeweils 1 ½ Stunden. Vier Wochen tägliches Beisammensein mit den unterschiedlichsten Frauen ist etwas ganz anderes. Das lerne ich in dieser Zeit. Eine gute, wichtige Arbeit. Auch hier drohen Streichungen, Kürzungen, Schließungen. Wir stellen Biographien der unterschiedlich belasteten Frauen, für das Ministerium zusammen.

Wer nicht kämpft, hat schon verloren.

2003 muss die Einrichtung schließen. Auch andere Mütterkur-
heime müssen aufgeben. Neben Supervision, Marmelade kochen, Plätzchen backen und stricken, Socken vor allem, beginne ich mit dem Schreiben. Meist kleine Geschichten. Ein paar Jahre später werde ich ein Buch schreiben. Aber der Anlass für das Buch ist ein sehr trauriger. Eine Geschichte des Jahres 2001 will ich hier wiedergeben:

Ich schreibe ein Märchen, das ich einem guten Freund schenke. Er hilft mir immer wieder über die Schwierigkeiten, die ich mit meinem Computer habe, hinweg. Dafür habe ich ihm ein paar Wintersocken gestrickt. Ein großer Mann, mit großen Füßen.

Das Märchen von der verlorenen Masche

*Es war einmal eine Frau, die gerne strickte. Vor allem um die Weihnachts-
zeit. Sie strickt Strümpfe für die Enkelkinder, die Söhne, die Schwiegertöch-
ter, für den Ehemann, für sich selbst. Warme Wintersocken in allen Farben.
Manchmal, in ganz seltenen Fällen, strickt sie auch mal ein paar Strümpfe
für eine Freundin oder einen Freund. So war das auch in diesem Jahr, im
Dezember. Socken für einen Freund. Bunte Socken sollten es werden und
sehr, sehr groß. Die Frau begann und bald war eine der Socken fertig. Bunt
war er. War er auch groß genug? Egal ... ein bisschen ziehen, machte ihn
länger. Auch die zweite Socke ging zügig voran. Bald waren die Hacken-
maschen gestrickt. Sie sollten nun für die Ferse gedrittelt werden. 3 × 12
Maschen, also 36 Maschen mussten es sein. Die Frau zählte einmal,
zweimal, dreimal. Es waren nur 35 Maschen. Eine war verschwunden. Die
Frau begann zu suchen. Die Masche blieb spurlos verschwunden. Weder im*

Korb mit der Wolle, noch im Adventskranz, auch nicht auf dem Tisch mit den Keksen, war die Masche zu finden. Wo konnte sie nur sein? Erst einmal weiter stricken, dachte die Frau. Die Masche wird sich schon finden. »Du musst mir helfen«, sagte da ein leises Stimmchen. »Sonst gehe ich ganz verloren.« »Wo bist Du denn ?«, fragte die Frau. Die Masche saß locker und ohne Halt im Schaft der Socke und drohte ganz herunterzufallen. »Oh je«, sagte die Frau. »Du störst das ganze Bild. Eine Socke mit Löchern ist gar nichts wert.«

»Du musst eine Rettungsaktion starten«, sagte die Masche. »Nimm eine Nadel und befestige mich mit einem Wollfaden im hinteren Teil der Socke.«

»Du störst das ganze Bild«, sagte die Frau noch einmal. »Du wirst drücken und zwicken, Du bist eine Außenseiterin, Du bist nicht eingereiht.«

»Sieh es doch von der anderen Seite«, sagte die Masche. »Ich mache die Socke zu etwas ganz Besonderem. Ich bin der Strumpf mit der verloren gegangenen Masche. Wer hat schon solche Strümpfe?«

Na ja, dachte die Frau, die Masche ist eine positive Denkerin. Das will ich doch auch immer sein. So waren sie es dann zufrieden, die Socke, die Masche, die Frau und hoffentlich auch der Träger. Und wenn die Socke nicht zu oft getragen wurde, dann lebt sie noch heute.

In den folgenden Jahren schreibe ich immer wieder einmal eine kleine Geschichte. Einige davon werde ich im weiteren Verlauf wiedergeben.

Erhalte Deine Kompetenzen, bleibe dran, lerne weiter, auch Hänschen und Grete können in jedem Alter lernen

Ich schlage das Jahresbuch von 2002 auf. Die Notizen über den Januar des Jahres will ich hier wiedergeben:

Lehrsupervision Derda, Besuche von Mutti im Haus Schwansen, Doppelkopf mit Schönings, Ball-Besuch des Mädchen-Musik-Zuges, Kino mit Inge, Doppelkopf mit der Frauengruppe bei Marianne. ZONTA-Club, Treffen mit Margret im Pressekeller, Supervision für Hospiz-Mitarbeiterinnen, Besuch Niederdeutsche Bühne, Staatsoper mit Horst: Tannhäuser. Erfülltes Leben.

Ich werde in den Seniorenbeirat berufen. Meine Berufung oder besser Nachrückung in den Beirat prangt auf der ersten Seite meines Jahresbuches. Der »Holsteinische Courier« schreibt am 18. Januar 2002: »Edelgard Lessing neu im Seniorenbeirat« und zeigt mich mit der Leiterin des Seniorenbüros Romy Wietzke und dem damaligen Beiratsvorsitzenden Wilhelm Heuer. Also doch noch Seniorenbüro. Offensichtlich freute mich das damals. Am Ende des Jahres weiß ich: kein weiteres Jahr! Mir reden einige Teilnehmer zu lang und zu viel. Ich langweile mich und sehe wenig Mitwirkungsmöglichkeiten in der städtischen Politik.
Am 19. Januar beginne ich eine Fortbildung: »Gottesdienst selber gestalten«. Ich breche bald ab, weil ich eine Überforderung spüre. Wenn eine Rentnerin mir während meiner Berufstätigkeit erzählte, wie beschäftigt sie wäre, und das sie kaum freie Zeit hätte, habe ich nur milde gelächelt und gedacht: »Warum sagt sie das

nur? Rentnerinnen haben genug Zeit.« Nun ja. Heute weiß ich es besser. Aber der Reihe nach.

Um wieder mehr in das Supervisionsgeschäft einzusteigen, habe ich: Fotografien bei Inge Techau machen lassen. Visitenkarten bei einer Werbeagentur entwerfen und drucken lassen. Ein Bewerbungsprofil erstellt. Die Bewerbungen schicke an meine ehemalige Ausbildungsstätte, das Burckhardt-Haus in Gelnhausen, und an eine Kollegin, die sich selbständig gemacht hatte. Bald kann ich mit der Arbeit als Lehrsupervisorin beginnen. Der Leiter des Burckhardt-Hauses sagt zu, mich den Lehrsupervisanden zu empfehlen. Nicht mehr als zwei Supervisionen pro Woche will ich machen. Das mir selbst gegebene Versprechen halte ich ein. Ich bekomme in den nächsten Jahren Angebote für Lehrsupervisionen, Gruppen- und Einzelsupervisionen. Um fit zu sein, mache ich in Hamburg eine Fortbildung: »Aufstellungen in der Arbeit mit Einzelnen, Gruppen und Familien«. Ich arbeite mit Schulen, Kindergärten, Altenheimen, mit Lehrerinnen, Erzieherinnen, Pflegekräften. Teamsupervisionen empfinde ich als schwierig, da gibt es viele Vorbehalte, sich vor den Kollegen zu öffnen. Unterschwellige Konflikte vor allem, wenn die Leitung dabei ist, können nicht ausgesprochen werden. Häufig endet es damit, dass die Leitung Supervision braucht. Die Lehrsupervisionen mit einem Pastor und Kolleginnen aus anderen Arbeitsbereichen, bereichern mich selbst. Ich lerne dazu. Die Arbeit ist eine Freude. Mit 70 Jahren höre ich damit auf. Ich will jüngeren Kolleginnen und Kollegen Platz machen.

Was passiert 2002 noch? Ich blättere weiter. Wir laden die Kinder und Enkelkinder zu einem Urlaub in Ehrwald ein. Bernd ist geboren. Ein Erlebnis ist mir sehr präsent. Ich mache mit Janne, der sechs Jahre älteren Schwester, einen Ausflug nach Garmisch-Partenkirchen. Wir stehen am Bahnhof und warten auf den Zug. Da sagt sie plötzlich:»Ich glaube, meine Eltern möchten am liebsten, dass ich tot bin, sie kümmern sich nur um Bernd.« Ich bin so erschrocken, dass es mir erstmal die Sprache verschlägt. Ich erinnere mich an das, was ich über solche Gespräche gelernt habe, und frage sie, warum sie das denkt. Darüber kommen wir in ein gutes Gespräch. Hat ihr das geholfen?

Die Urlaube mit den Enkelkindern Janne und Bennie (wie er meist genannt wird) oder mit der ganzen Familie, sind für uns eine besondere Freude. Zu sehen, wie die Kinder wachsen, sich entwickeln, Vertrauen zu uns haben, genießen wir. Auch die Beziehung zu den Eltern vertieft sich.

Von August bis September begleite ich zwei Mütterkuren in Hinterzarten. Mein Mann entwirft mir die Fahrtroute. 950 Kilometer mit dem Auto. Ein Navi gab es damals nicht. Ich bekomme wieder kurze und längere Briefchen von den Kurfrauen. An meinem 80 Geburtstag bekam ich von einer der ehemaligen Kurfrauen folgenden Text:

Du bist so jung wie Deine Zuversicht
Jugend ist nicht ein Lebensabschnitt.
Sie ist ein Geisteszustand.
Sie ist Schwung des Willens,
Regsamkeit der Fantasie, Stärke der Gefühle,
Sieg des Mutes über die Feigheit,
Triumph der Abenteuerlust über die Trägheit.
Niemand wird alt, nur weil er

eine Anzahl Jahre hinter sich gebracht hat.

Man wird nur alt, wenn man

seinen Idealen Lebewohl sagt.

Mit den Jahren runzelt die Haut.

Mit dem Verzicht auf Begeisterung

aber, runzelt die Seele.

Sorgen, Zweifel, Mangel an Selbstvertrauen,

Angst und Hoffnungslosigkeit,

das sind die langen Jahre, die

das Haupt zur Erde ziehen,

und den aufrechten Geist in den Staub beugen.

Ob siebzig oder siebzehn im Herzen,

eines jeden Menschen wohnt die Sehnsucht

nach dem Wunderbaren,

das erhebende Staunen über den Anblick

der ewigen Sterne und der ewigen Gedanken und Dinge.

…

Albert Schweizer

Auch das Mütterkurheim Hinterzarten muss schließen. Stille Weihnachten zu Hause. Am 26. Dezember mit Sack und Pack: Abfahrt nach Sylt. Die Kinder aus Hannover werden kommen. Was soll ich heute dazu sagen: Ein erfülltes Leben?, oder lieber Rentnerin im Stress? Ich habe Bluthochdruck und muss Tabletten nehmen. So beginnt das Jahr 2003 mit einem Meditationsseminar in der Akademie Sankelmark: »Finde die Stille.«

Ich schreibe, dass ich auf der Suche bin. In diesen Jahren halte ich in einem Restaurant Vorträge über Engel. Der Gastronom lädt dann wichtige Kunden ein und serviert ein »Engelsmenü«.
Hier eines der Märchen, das ich geschrieben habe.

Von Engeln und Menschen

Es war Ende Januar. Der Engel des Aufbruchs ließ sich in seinem Ohrensessel nieder und seufzte schwer. Endlich war der ganze Weihnachtsstress vorbei. Nun konnte er mit der Federpflege beginnen. Ach, dachte er, es geht mir doch gut. Vergessen wir alle schlechten Nachrichten. Plötzlich vibrierte sein Handy. Eine WhatsApp vom Engel Gabriel. Nanu, dachte er, was will der denn von mir? Schon der erste Satz erschreckte ihn: »Erinnere Dich. Deine Aufgabe in dieser Welt ist es, Dich auf den Weg zu machen, aufzubrechen, um den Menschen ein Vorbild zu sein, ihnen Mut zu machen, gerade in dieser Zeit.«
»Gerade in dieser Zeit?«, fragte sich der Engel des Aufbruchs. Seine Stimmung war überhaupt nicht nach Aufbruch. Unten auf der Erde ist es entweder eiskalt oder heiß. »Wer nicht immer wieder aufbricht, erstarrt. Das gilt auch für Dich. Heißt Du nicht Aufbruch?« Was hat mein Ohrensessel mit Erstarrung zu tun? Ich pflege meine Federn, meinen Kopf und entwickle neue Gedanken. Dieser aufgeblasene Gabriel! Außerdem bin ich noch jung, erst 2000 Jahre alt. »Du wirst gebraucht«, fuhr Gabriel mit milder Stimme fort. »Gerade jetzt sind die Menschen so wehleidig, besonders in Europa.« Na ja, dachte der Engel des Aufbruchs zerknirscht. Der Erzengel ist ja der Bote Gottes und ich heiße ja nun einmal Aufbruch.
Er griff in seine Tasche und holte sein I-Phone heraus und rief den Engel des Risikos an. Der gähnte. Ihm war auch nicht nach Risiko. Außerdem hatte er Rückenschmerzen. Aber dann ließ er sich überreden und sie begannen,

Pläne zu schmieden. Der Engel der Zuversicht muss her. Das brauchen die
Menschen da unten vor allem, Zuversicht!
»Ich bin dabei«, sagte Zuversicht. »Ich habe auch schon eine Idee. Wir
müssen zuerst die Frauen gewinnen. Das sind starke Wesen und besonders
kreativ. Sie verstehen etwas von Zusammenarbeit, gemeinsamem Tragen, von
Obhut und Integrität. Es sind die Frauen, die ein Vorbild sind. Mit denen
sollten wir anfangen.«
Hört sich gut an, sagten der Engel der Zuversicht und der Engel des Risikos.
Die drei schlugen sich in Gedanken auf die Schulter und freuten sich.
»Lasst uns anfangen!« Denn schließlich.
Engel wohnen nebenan, wohin Menschen auch immer ziehen.

Vom 1.-22. Juni 2003 begleite ich auf Juist eine Mütterkur. Ich bin
begeistert von der wunderschönen Insel. Ich wohne in der kleinen Wohnung der Leiterin, die im Urlaub ist. Das ist gewöhnungsbedürftig, in so intimen Räumen zu leben. Das will ich
nicht noch einmal. Es folgt wieder eine Kur in Bad Überkingen.
Vom 1.-24 August vertrete ich dort eine Kurbegleiterin. Beide
Kuren schließe ich gut ab.

Im 1991 hatte ich damit begonnen, einen ZONTA-Club zu
gründen. Ich gewann die damalige Leiterin der Stadtbücherei,
Ingrid Markgraf und Elisabeth Lingner, Sozialdezernentin der
Stadt Neumünster, als Verbündete. Zonta ist ein Service-Club für
Frauen, ähnlich wie Lions oder Rotary. Die Idee habe ich aus
Duisburg mitgebracht. Die Clubgründung findet im Mai 1991
statt. Im Laufe der Jahre blühte der Club auf. Viele engagierte,
kreative und tatkräftige Frauen traten ein. Gemeinsam stellen wir
große und kleinere Veranstaltungen auf die Beine und sammeln

dadurch Spenden. Darunter: »Mehr Mut zum Hut«. Die Zontians tragen Hüte und eine Hutdesignerin stellt Hüte vor. Im November schreibt der Courier einen großen Artikel: »ZONTA-Club und die lichten Momente in dunkler Jahreszeit.« Das sind sehr gut besuchte Events, die unsere Service-Kasse für Spenden-Aktionen in Neumünster zu Gute kommt. Bei beiden Veranstaltungen haben wir ein volles Haus. Das Kind ZONTA wird langsam erwachsen.

Im Herbst besucht uns Janne für eine Woche. Sie ist jetzt neun Jahre alt. Sie kann schon gut lesen. Sie liest gerne und viel. Ich schenke ihr das Buch »Geisterschiff« von Dietlof Reiche. Wir lesen es gemeinsam: »Vor vielen Jahren verschwindet die Nordsee. Sie zieht einfach fort. Es taucht das Wrack eines Schiffes auf. Die Menschen fürchten das Schiff. Es sieht gespenstisch aus. Die Windsbraut fehlt. Die Nordsee fehlt. Was sollen nun die Fischer machen? Wovon sollen die Menschen leben?« In der Geschichte treffen Vergangenheit und Gegenwart aufeinander. Lena, ein Mädchen, das heute lebt und die Geschichte kennt, hilft den Eltern beim Bedienen im Restaurant »Muschelsaal«. Der Muschelsaal ist ausgestaltet mit unzähligen Muscheln. Sehr verschiedenen Exemplaren, die ein Kapitän einst gesammelt haben soll. Im Saal hängt auch eine wunderschöne Windsbraut. Lena und ihr Freund Felix machen sich auf die Suche nach der Geschichte der Windsbraut und erleben dabei merkwürdige Dinge. Mehr soll nicht verraten werden. Eine spannende Geschichte, die Janne und mich fesselt. Nun wollen Janne und ich unbedingt die Windsbraut und den Muschelsaal sehen. Ich weiß, dass das ein Restaurant in Büsum ist. Wir fahren hin. Es ist gerade Ebbe. Die Nordsee ist weit entfernt. Wir gehen barfuß an die Wasserlinie. Das Wasser umspielt unsere Füße. Muscheln piksen in die Fußsohlen, der Sand ist weich und feucht. Wie wäre es, wenn da kein Meer mehr wäre? Wir malen uns eine Geschichte aus. Da lägen dann wohl tote oder noch zappelnde Fische, die nach Wasser japsen. Feuerquallen, Muscheln und vieles andere gäbe es auch. Wir müssten aufpassen, dass wir in keine Feuerqualle treten. Das ist keine gute Vorstellung. Wir gehen zurück zum Ufer. Wir wollen jetzt zum Essen in den Muschelsaal gehen. Eine Windsbraut hängt am Eingang des Restaurants. Leider ist geschlossen. Wir sind mutig und klingeln. Die Wirtin macht uns auf. Wir erzählen unsere Geschichte, dürfen eintreten und den Saal bewundern. Den Raum ziert eine bunt bemalte, wunderschöne Windsbraut. Dietlof Reiche, der Schriftsteller der Geschichte, muss hier gewesen sein. Die Wirtin bestätigt uns das: »Herr Reiche hat sich von diesem Raum inspirieren lassen.« Zufrieden verlassen wir den Saal und bedanken uns. Essen müssen wir woanders. Danach gehen wir noch einmal an den Strand. Die Flut ist gekommen. Das Wasser ist wieder da! Da sind wir aber froh. Ein schöner interessanter Tag und die Sonne schien dazu. Beglückt fahren wir wieder nach Hause. Der Ausflug hat sich gelohnt.

Im Jahr 2004 hat sich alles eingespielt. Ich gebe Supervisionen und Lehrsupervisionen und begleite zwei Mütterkuren auf Juist. Die zweite Kur endet nicht so freundlich. Ich verärgere zwei Kurleiterinnen und auch einige Kurfrauen. Ich werde nicht mehr wiederkommen. Die Mütterkurheime in Bad Überkingen und Hinterzarten müssen schließen.

Du brauchst Freunde, Ehemann oder Ehefrau, Kinder und Enkelkinder reichen nicht.

Gemäß unserer Faustregeln fürs Alter, bereichern viele gemeinsame Unternehmungen, Einladungen, Geburtstage, Oper, Konzert, Kinobesuche das Jahr.

Halte ich Körper, Seele und Geist in Bewegung?

Mein Körper kommt oft zu kurz. Ich fahre Rad, gehe mit meinem Mann und Freundinnen Wandern und Spazieren. Aber ich weiß, dass das zu wenig ist. Jedes Jahr die gleichen guten Vorsätze: Ich will mehr für meinen Körper tun. Ich habe Bluthochdruck. Ich bin 66 Jahre alt. Aus der Sicht einer heute 82-Jährigen noch jung.

Auch im Jahr 2004 besucht uns Janne wieder in den Herbstferien für eine Woche. Wir beschließen, den Herbst zu suchen. Das erweist sich als gar nicht so einfach. Wo ist der Herbst? Wie sieht er aus? Erst einmal haben sich die Blätter an den Bäumen verfärbt. Sie sind jetzt bunt und leuchtend. Wir beschließen, den Bordesholmer See zu umrunden. Das sollen ungefähr sechs Kilometer sein. Das werden wir schaffen. Bunte Blätter gibt es da genug. Wir sammeln die unterschiedlichen Exemplare. Buchen-, Eichen-, Linden-, Kastanienblätter. Bei einigen Bäumen wissen wir nicht, wie sie heißen. Da müssen wir uns erst zu Hause kundig machen. Oma Edelgard hat Buntstifte gekauft und Zeichenblöcke sind auch da. Wir nehmen uns einzelne Blätter, umranden sie mit einem Bleistift und malen sie anschließend bunt an. Herbstblätter steht in Blockbuchstaben am Rand. Als Datum ist der 13.

Oktober vermerkt. Jetzt müssen sie getrocknet werden. Wir holen dicke Bücher aus dem Regal und legen unsere Blätter vorsichtig dazwischen. Wie lange wird es brauchen, bis sie trocken sind? Wird die Woche reichen? Sie reicht. Wir kleben die Blätter auf Papier. Mein Herbstbuch – Janne und ich haben jede eins gestaltet – zeigt sie. Sie sind immer noch ein wenig bunt. Hellbraun, dunkelbraun, hellrot und dunkelrot. Dann schreiben wir eine Geschichte über unsere »Herbstsuche«.

Der Herbst-Such-Spaziergang

Janne und Oma Edelgard beschließen, einen Herbst-Such-Spaziergang zu machen. Janne hat drei Omas, zwei Uromas und zwei Opas. In den Herbstferien aber ist Janne bei Opa Horst und Oma Edelgard. Da freut sich Oma Edelgard aber mächtig. Opa Horst ist ein richtiger Opa, Oma Edelgard ist andererseits keine so ganz richtige Oma. Aber das ist eine andere Geschichte. Jedenfalls wollen Janne und Oma Edelgard den Herbst-Herbst-Such-Spaziergang machen. Wandern ist nicht gerade Jannes Leidenschaft. Zu Beginn ist sie erst einmal müde. Aber dann geht es los. Die beiden wollen den Herbst suchen. Der Herbst. Wie sieht er eigentlich aus? Janne und Oma Edelgard gehen durch raschelnde braune Blätter. Das ist der Herbst. Da sind sich die beiden einig. Auch die gelben, orangefarbenen und braunen Blätter an den Bäumen sind der Herbst.
Der kleine braun-beige-schwarze Foxterrier, der an ihnen vorbeiläuft, ist das auch der Herbst? Nein, das ist ein Hund im Herbst. Janne und Oma gelangen an einen Weg, da ist noch alles grün. Hier ist noch Frühling, sagt Janne. Komischer See, mal Herbst mal Frühling. Sind die beiden etwa an einem Zaubersee gelandet? Na ja, Janne und Oma kichern. Eine andere, wichtige Frage beschäftigt die beiden zunehmend mehr. Kaffeetrinken am See oder Pizza in Neumünster. Janne möchte doch ein kleines bisschen lieber in

die Pizzeria. Nach einem vergnüglichen Sechskilometer Marsch gelangen
Oma und Janne zum abgestellten Auto. Ab in die Pizzeria. Thunfisch-
Zwiebel-Paprika-Pizza. Schmeckt köstlich. Janne ist der Meinung, dies sei
der beste Teil des Herbst-Such-Spazierganges gewesen.

Die nächste Seite des Herbstbuches zeigt wieder bunte Blätter.
Diesmal sind sie mit Wasserfarben ausgemalt. Da muss man
schon vorsichtig und genau sein. Aber wir schaffen das.
Es folgt ein Herbstgedicht. Beide lernen es auswendig.

Herbstgedicht

Dies ist ein Herbsttag, wie ich keinen sah,
die Luft war lau, als atmete man kaum,
und dennoch fallen fern und nah,
die schönsten Früchte ab, von jedem Baum.
Oh stört sie nicht, die Feier der Natur!
Dies ist die Lese, die sie selber hält,
denn heute löst sich von den Zweigen nur,
was vor dem milden Strahl der Sonne fällt.
(Friedrich Hebbel)

Bunte Wasserfarben, Herbstfarben, zieren in kleinen Klecksen die
Seite. Und wieder Blätter. Diesmal mit einem Bleistift schraffiert.
Da sieht man jede Faser. Es folgen Fotos. Janne versteckt hinter
Herbstblättern, Oma Edelgard vor einem herbstlichen Baum.
Opa Manfred versteckt zwischen Bäumen. Noch einmal Fotos:
Dahlien, gelbe Blätter an einem Baum und Janne auf einer Wiese.
Am Ende des Herbstbuches eine Serviette mit einem Herbstblatt.
Damit und mit Blättern schmücken wir den Tisch für die

Mahlzeiten. Das Ganze wird in eine Klemmmappe gepackt. Wir flechten eine bunte Kordel aus Wolle. Sie bekommt an jedem Ende einen Knoten. Wir legen sie als Lesezeichen in unser Herbstbuch. Mein Herbstbuch kommt ins Jahresbuch. Janne nimmt das Ihre mit nach Hause zu Papa, Mama und Bennie. Ob sie es noch hat?

Wiederentdecke deine unterschiedlichen Talente, entwickle und pflege sie

Im Oktober nehme ich eine neue Herausforderung an: eine ZONTA-Veranstaltung mit »Johanna von Orleans« als Schwerpunkt. Ich übernehme die Rolle des Vaters von Johanna, den Text lerne ich auswendig:

Vater Thibaut: Jeanette, Deine Schwestern machen Hochzeit. Ich seh´ sie glücklich, sie erfreun mein Alter, Du meine Jüngste, machst mir Gram und Schmerz. Hier dieser wackre Jüngling, dem sich keiner vergleicht im ganzen Dorf, der Treffliche. Er hat Dir seine Neigung zugewendet und wirbt um Dich. Schon ist´s der dritte Herbst. Mit stillem Wunsch, mit herzlichem Bemühn, Du stößt ihn verschlossen, kalt, zurück ...

Der Text erinnert mich an meinen Vater, der ein Studium mit dem Satz verhindert: Du heiratest ja doch! Supervisionen und Lehrsupervision laufen weiter. Die Supervisanden mögen mich und kommen gerne. Sie müssen aus Hamburg, Preetz und anderen Orten anreisen.

Im August kommt Enkel Bennie uns besuchen. Erstmals allein. Viele Fotos gibt es vom Kirschenpflücken auf dem Stockseehof.

Ich schreibe: Kirschen pflücken, Kirschen essen, Steine spucken mit Opa Manfred und Oma Edelgard.

Auch im August kommt Sohn Nicolas mit neuer Freundin und deren Tochter. Wieder geht es in die Kirschen. 2006 offensichtlich ein Jahr mit vielen Gästen. Zwischendurch besuchen wir die Mutter von Horst. Im September ist Sylt an der Reihe. Wir treffen Billa eine Nichte von Manfred, die Meißener-Porzellan-Malerin. Jetzt malt sie wunderschöne Bilder und lädt zu einer Ausstellung ein. Ich kaufe eins für uns.

Vom 14.-25 Oktober kommt Enkelin Janne uns wieder besuchen. Diesmal fahre ich mit ihr ein paar Tage nach Düsseldorf. Wir wohnen bei Peter, meinem jüngeren Sohn. Wunderschöne Tage. Mein Ehemaliger macht den Stadtführer. Das Schokoladenmuseum darf nicht fehlen und wird zum Höhepunkt des Stadtspazierganges.

Danach beginne ich das Haus aufzuräumen und auszumisten. Dabei entdecke ich alte silberne Kaffeelöffel mit dem Monogramm KM. Sie gehörten meiner Großmutter. Ich habe sie sehr geliebt. Sie war eines meiner Vorbilder. Lebensfroh, trotz Flucht und Vertreibung, durch ihren sehr preußischen Mann, meinen Großvater, einen Lehrer, nicht zu erschüttern. Sie konnte Feste feiern, Menschen bewirten. Alle fühlten sich bei ihr wohl. Ich besuchte sie als Jugendliche regelmäßig.

Ich habe ihr folgende Geschichte gewidmet:

Klara Gruber, geborene Massalsky. Du bist meine Großmutter. Diese Kaffeelöffel habe ich von Dir geerbt. Ich benutzte sie manchmal. Ich denke auch oft an Dich. Am 27. November 1884 wurdest Du geboren. Ich, Dein erstes Enkelkind am 7. Februar 1938. Du warst also keine so junge Großmutter. Ich war zwischen 10 und 15 Jahren alt, als wir unsere

intensivste Beziehung hatten. Du warst also schon Mitte sechzig. In meinen
Gedanken bist Du jung. Braune Augen, braun-graue Haare, gebräunte
Haut. Ein rundes Gesicht. Du bist eine kleine Frau. Äußerlich sind wir
uns nicht ähnlich.

Was hat Dich für mich so anziehend gemacht, dass ich als 14-jährige meine
Wochenenden am liebsten mit Dir und Großvater verbrachte? Immerhin
waren es 15 Minuten zu Fuß bis zur Anlegestelle am Rhein, mit dem Boot
über den Fluss, mit dem Zug nach Moers nötig. Dann waren noch einmal
vier Kilometer zu Fuß, zu überwinden. Ich ging auf stillgelegten Bahn-
schienen. Schwelle für Schwelle bis nach Holderberg, in das Dorf, in dem ihr
wohntet. Das Ganze dauerte mindestens zwei Stunden. Was hat Dich für
mich so anziehend gemacht? Ich habe lange darüber nachgedacht: Lust ist
mir eingefallen, Lust zu leben. Und dass Du in jener Zeit in einem Zimmer,
ein Zimmer zum Wohnen, Schlafen, Waschen, Kochen, Essen, den Groß-
vater lieben (hoffe ich für Dich), Silberlöffel und Spitzenkleid, Senfgurken
und Klopse, Mauscheln und »66« zur Geltung gebracht hast.

Später – Großvater war zwischenzeitlich gestorben – Du hattest eine kleine
Wohnung – habe ich auch meine Freundin, Ilschen Tillmann, mitgeschleppt.
Ich wollte ihr meine tolle Großmutter zeigen. Wir lernten den ersten Lippen-
stift kennen, wir probierten Deine Hüte und spielten Mauscheln, lernten
Skat. Deine Geburtstage fallen mir ein. Große Familienfeste, Söhne und
Tochter, Schwiegertochter, Schwiegersohn, Enkelinnen und Enkel. Eine
lange Tafel, Singen, Essen, Spielen »Das große Los«, einte uns alle.
Das habe ich von Dir mitbekommen, liebe Klara, die Lust zu spielen.
Ich gestehe, ich hätte neben Silberlöffeln und Spielleidenschaft gerne etwas
mehr von Dir.

Deine Enkeltochter Edelgard

Die Silberhochzeit

Wir sind in zweiter Ehe mittlerweile 25 Jahre verheiratet und laden zur Silberhochzeit ein. Ich beginne das Fest mit einer kleinen Rede, die ich hier wiedergeben werde, weil das, was folgt, vieles erklärt.

Der Blitz schlägt nicht sofort ein. Ich bin 33 Jahre alt, verheiratet, habe zwei Kinder Nicolas, 11 Jahre und Peter, 6 Jahre. Ich bin eingeschriebenes Mitglied der SPD. Das muss erwähnt werden. »*Schwestern, wohin des Wegs*«, *fragt der schwarzhaarige Mann, der am Strand-Abgang Westerland-Klinik in den Dünen liegt. Meine Begleitung Marlies und ich reagieren nicht weiter. Am Strand bricht Marlies ein Absatz ihrer hochhackigen Stiefel ab. Wir müssen umkehren. Der Schwarzhaarige erhebt sich und schlägt sich an unsere Seite. Er führt ein angeregtes Gespräch mit Marlies. Ich höre artig zu. Bei der Klinik angekommen, wendet der Schwarzhaarige und Braungebrannte sich an mich mit der Behauptung:* »*Wir beide sehen uns heute Abend um 19.00 Uhr hier am Tor!*« *Am Abend – ich im Midi-Persianer – den habe ich bei meinen Eltern beim Schulbuch-Verkauf verdient, und den Lancia Fulvia von meinem Mann geerbt – sehe ihn vor meinem Fenster aus, am Tor auf und ab gehen. Beim Wein im Witthüs (gibt es leider nicht mehr) und beim Abschiedskuss brenne ich bereits lichterloh. Der Blitz hat eingeschlagen. Dem Schwarzhaarigen und mir bleiben anderthalb Tage. Sie reichen aus. Zum Abschied schenke ich ihm* »*LOVE STORY*« *mit folgender Widmung:* »*Für Manfred, den rechtesten Vogel, den ich je traf und dem ich besser Nathan der Weise geschenkt hätte.*«
Ich kann nicht behaupten, dass ich nicht wusste, was ich tat.

Die zweite Seite des Albums ziert ein großes Foto vom Hochzeitspaar mit dem Datum Silberhochzeitsfeier im Hotel Stadt Hamburg 15.-17. Dezember im Hotel Stadt Hamburg in Westerland/Sylt Unterschrift:

Wie im richtigen Leben – nicht mit Dir und nicht ohne Dich ...

Wir haben Kinder, Enkelkinder und unsere Trauzeugen eingeladen. Es wird ein fast entspanntes Wochenende. Janne spielt Klavier, Nicolas versucht sich auf der Gitarre, Reden werden gehalten. Der erste Ehemann ist auch da. Es ist schwierig für ihn. Er wäre besser nicht gekommen.

Anfang Dezember feiert der ZONTA-Club einen »Literarischen Advent«. Eine öffentliche Veranstaltung. Ingrid Markgraf, die ehemalige Leiterin der Stadt-Bücherei, ist trotz ihrer schweren Erkrankung dabei. Am 30. Dezember stirbt sie auf der Palliativ-Station im FEK Neumünster. Das ist ein großer Verlust für viele Menschen. Auch für mich. Sie war belebender Mittelpunkt, wo immer sie war. Ich erinnere mich an ihre Silberhochzeit nach dem Roman »Der große Gatsby«. Alles in weiß, inklusive der Gäste. Nicht einmal der Platzregen, der das Klavier und auch die Silberbraut völlig durchnässte, konnte ihre gute Laune schmälern. Nun ist sie gestorben. Sie wurde 72 Jahre alt. Sie hat sich ein Abschiedsfest gewünscht. Viele gute, fröhliche Geschichten über sie werden von den Trauergästen erzählt. Die Trauer bleibt. Auch der ZONTA Club hat seinen, einen Motor verloren. Die Verlustgefühle dauern an, immer noch, bei vielen Menschen.

Wenn ich heute im Jahresbuch 2007 blättere, denke ich: ein pralles Leben. Wir sind beide 69 Jahre alt. Noch nicht alt, aber auch nicht mehr jung. Es beginnt mit einer Einladung an alle Nachbarn. Wir laden die Geschwister Schwarz zum Musizieren ein, und ich bereite den Brunch vor. Viele, der auf den Bildern festgehaltenen Menschen leben nicht mehr. Ich will zwei der Verstorbenen herausgreifen und eine Geschichte wiedergeben. Die Frau einer unserer Nachbarn hatte eine langsam fortschreitende Demenz. Ihr Mann hat mit seiner kranken Frau lange Jahre im eigenen Haus gelebt, sie gepflegt und betreut. Er erzählte gerne folgende Geschichte: Wir beide sitzen am Frühstückstisch und kauen gemütlich unser Brot und trinken Kaffee dazu. Plötzlich sagt meine Frau:»Wir verstehen uns doch wirklich gut, sollen wir nicht heiraten?« Wer, wie ich lange eine an Demenz erkrankte Mutter begleitet hat, weiß wie viel Liebe aus diesem Satz spricht.

Das Jahr 2007 ist aber nicht nur ein Jahr voll prallen Lebens, sondern auch ein Jahr des Sterbens. Älterwerden, Altwerden bedeutet zwangsläufig, das Sterben lieber Menschen miterleben zu müssen. Ich begreife besser, warum sehr alte Menschen oft niemanden mehr haben. Die Mutter von Manfred stirbt unerwartet am 23. Februar an Hirnbluten. Sie ist auf die Ecke eines Schrankes gestürzt. Manfred kann an der Beerdigung nicht teilnehmen. Er liegt in der ENDO-Klinik in Hamburg. Er hat eine zweite neue Hüfte bekommen. Er schreibt eine Rede, die sein Sohn Thorsten vorträgt. Manfred kann ihr Grab in Wermelskirchen erst im Juni besuchen.
Eine ganze Serie von Bildern zeigen unserem Enkel Bennie mit Alba, der Tochter von Nicolas derzeitiger

Lebensabschnittspartnerin. Die beiden besuchen uns vom 21.-27. Januar 2007. Eine Liebe auf den ersten Blick. Bennie mit selig verklärtem Blick liegt neben Alba auf dem Fußboden. Unser Haus wird zur Räuberhöhle. Decken hängen über Tischen und Stühlen. In diesen »Höhlen« verkriechen sich die beiden. Gemeinsames Zähne putzen, mit Peters Bauklötzen bauen, keine Minute getrennt. Für uns eine Freude. Großeltern können großzügiger sein, als wir als Eltern damals.

Im Mai sind wir bei einer Straßenwidmung in Hamburg. Die Sängerin »ALEXANDRA« war die Cousine von Manfred. Aus der »Promenade am Haken« wird der »Alexandra-Stieg«.
Im Juni sind wir wieder im Rheinland. Es gibt Einladungen. Das Grab meines Vaters in Duisburg wird nach 25 Jahren aufgelöst. Die Söhne mit Frau und Freundin sind da und haben eine Flasche Sekt mitgebracht. Wir tauschen Erinnerungen aus und stoßen auf den alten Herrn an. Sein Name wird auf dem Grabstein seiner verstorbenen Frau in Neumünster eingraviert. Dort sind wieder vereint: der Bruder meines Vaters, Helmut, seine Frau Hildegard (Tante Hildchen), mein Vater und meine Mutter. Wir besuchen das Grab bei unseren Spaziergängen.

Vom 2.-8. Juni radele ich mit meiner Freundin Renate durch die Südheide. Eine wunderschöne Woche. Auch Renate ist mittlerweile gestorben. Sie starb, wie sie lebte, unauffällig, obgleich sie das Arbeitsamt Elmshorn leitete. Sie ordnete noch ihre Angelegenheiten, ging dann für eine Woche in ein Hospiz und starb. Der Tod ist gegenwärtig. Das tut weh.

Aber Kinder vertreiben die traurigen Gedanken. Vom 7.-14. Juni sind sie wieder da. Alba und Bennie. Bennie wird uns von den Eltern in Hamburg übergeben. Alba wird allein im Flugzeug aus Köln angeflogen kommen. Bennie ist überwältigt von ihrem Mut. Die beiden nehmen ihre alte Beziehung wieder auf. Ich habe einen mehrseitigen Bericht über diese Woche geschrieben. Da steht zum Beispiel: Am Abend wollen die beiden in einem Zimmer schlafen. Oma und Opa genehmigen das auf Widerruf. Opa betet mit den Kindern. Die beiden schlafen problemlos ein. Eine Nacht später bekommt Bennie gegen 2.30 Uhr einen Weinanfall. Er ist nur schwer zu beruhigen. In Omas Bett, schläft er dann ein. Am nächsten Morgen hat er alles vergessen.

Am 11. Juli schreibe ich: Wieder so ein Schlechtwettertag! Opa übernimmt den Schwimmbadetag. Benni schwimmt zum ersten Mal ohne Schwimmflügel im tiefen Wasser. Alba flirtet gegenüber mit einem anderen Jungen. Liebe überwindet selbst das tiefste Wasser! Bennie schwimmt todesmutig hinüber. Opa passt auf und sieht dem Spektakel fasziniert zu. Nach dem Abendessen spielen die beiden Kinder vor dem Haus. Es folgen Vorlesen aus der Kinderbibel und Nachtgebet. Dann wird es im Haus bis zum Morgen ganz ruhig. In Hannover wird Vater Siegfrieds Geburtstag gefeiert. Bennie ist wieder zu Hause und Alba fliegt nach Düsseldorf zurück. Es ist wieder sehr still im Haus. Oma und Opa zu sein, ist etwas sehr Schönes.

Im August machen wir bei einer Singwoche in Sankelmark mit. »Dichterliebe« von Schumann wird einstudiert. Die Woche endet mit einer Vorstellung des Gelernten in der kleinen Kirche in Oeversee. Die Nichte Karin, ihr Mann Roger und der kleine Sohn Jens nehmen am Konzert teil, und feiern mit uns den Erfolg bei einem Festessen in der Akademie. Wann immer irgendwo

»Dichterliebe« gesungen wird, fahren wir hin. *»Im wunderschönen Monat Mai, als alle Knospen sprangen, da ist in meinem Herzen die Liebe aufgegangen* ....« Ich kann viele Texte, die wir damals gesungen haben immer noch auswendig.

Die »Documenta« in Kassel besuche ich mit Freundin und ehemaliger Kollegin Ingrid im August. Ein Riesenunternehmen diese Kunstveranstaltung. Wir haben eine sehr gute Führung. Eine Freundin von Freunden. Die Pinien vor dem Kunsthaus berühren mich. Sie marschieren jeden Tag ein Stück näher auf das Haus zu. Was wird passieren, wenn sie angekommen sind? Für mich strahlt die Aktion Bedrohung aus. Ich denke: Das soll sie wohl auch.

Und wieder die Enkelkinder. Janne und Bennie. Wir fahren mit ihnen nach Büsum und machen Urlaub an der Nordsee. In die Zeit fällt Jannes Geburtstag. Wir haben einen Frühstückstisch mit 10 Kerzen gedeckt und singen: »Wie schön, dass Du geboren bist,...«. Am Abend eine Einladung in ein gemütliches Dorfrestaurant. Auch dort ein festlich gedeckter Tisch. Es beginnt mit einem Früchtecocktail und endet mit einem großen Eisbecher. Zwischendurch haben die Kinder Sehnsucht nach den Eltern. Aber sie werden kommen und die Kinder abholen.

Am 9. September gibt es ein ganz besonderes Fest. Peter heiratet seine große Liebe Mia. Eine glanzvolle Hochzeit. Die Trauung findet im Garten des Hotels, in dem gefeiert wird, statt. Lauter wunderschöne junge Frauen sind eingeladen. Manfred weiß gar nicht mehr, wo er hinschauen soll.

Aber der nächste Höhepunkt steht schon vor der Tür. Portugal mit Lissabon. Drei Tage Lissabon hat mir Sohn Nicolas zum

Geburtstag geschenkt. Portugal schenken wir uns selbst. Ich schreibe: Paradies inbegriffen.

Vom 9.-13. Oktober macht Manfred eine Chorreise nach Rom. Singen im Petersdom. Für Manfred wird ein Traum wahr. Am 15. Oktober kaufen wir ein neues Auto, inklusive zwei Tage Wolfsburg. Einen Golf plus. Wir fahren ihn heute noch. Bennie ist mit Großmutter Uschi dabei.

Fröhliche Weihnacht überall. Wir feiern in Hannover mit den Kindern Siegfried, Hanne und den Enkelkindern. Die beiden anderen Omas Ursel und Uschi sind dabei. Wunderbare Weihnachten. Wenn ich das jetzt so schreibe, schäme ich mich irgendwie, aber ich beneide mich auch. Was für ein Jahr!

Im Jahr 2008 werde ich 70 Jahre. Ich beende meine beruflichen, bezahlten Tätigkeiten. Jetzt noch einmal Akquise? Ich bin meinem Leben auch noch ehrenamtliche Tätigkeiten schuldig. Aber das bedeutet losgehen und schauen, was geht. Erst einmal etwas Zeit nehmen.

Noch ein Rückblick auf das Jahr 2007. Mein Mann und ich haben ein altes Scrabble-Spiel hervorgekramt und spielen, wenn es unsere Zeit erlaubt. Das wird im Folgenden noch eine Rolle spielen.

Das Jahrbuch 2008 ist kein Buch, sondern eine Mappe, in der die einzelnen Monate getrennt in Hüllen liegen. Ich nehme den Monat Januar heraus. Sylvester und Neujahr haben wir in Bremen in einem Hotel verbracht. Wir waren allein (zu zweit) da. Das fand ich manchmal etwas trostlos. Höhepunkt war nicht die Silvesterfeier im Bremer Ratskeller, sondern die Ausstellung von Paula Modersohn-Becker. Es gab eine Gesamtschau im Landesmuseum. Ich habe mir »Aussagen« der Künstlerin mitgebracht.

Eine will ich hier wiedergeben, weil sie auch für mich wichtig ist:
»Fordert denn das die Liebe, dass man werde wie der andere?
Nein und tausendmal nein.«
Mein lieber Manfred hätte das oft auch zu gern.
Vom 9.-13. Januar fahren wir nach Berlin. Wir wohnen im 23.
Stock eines Hotels. Wir besuchen Potsdam, die Museumsinsel
und die Kinder Elmar und seine Lebenspartnerin Sanne. Und wir
sind eingeladen zu Gertrud, der ich die Arbeit in den Mütterkurheimen verdanke. Sie hat sich eine Wohnung gekauft. Gute Tage
in Berlin.
Jahresbücher sind für manche Überraschung gut. Auch mit 80
Jahren werde ich Entscheidungen treffen, die Aktivitäten beenden. Runde Geburtstage haben für mich offenbar eine besondere Bedeutung. Im Februar feiere ich meinen 70. Geburtstag mit
den Kindern in Köln. In Neumünster lade ich die Frauen ein, die
mich auf meiner bisherigen Lebensreise begleitet haben. Wir feiern im Harry-Maasz-Cafe. Eine Führung durch den Skulpturen-
Park gehört dazu. Die Märzbecher blühen schon. Eine besondere
Überraschung aber, hat mein Mann vorbereitet. Er schenkt mir
eine Einladung zum ZEIT-Scrabble-Turnier. Er wusste wohl
damals nicht, was er tat, ich auch nicht. Aber Scrabble wird unser
(mein) weiteres Leben begleiten. Dazu später mehr.
Auf einem Foto schauen mir zwei finstere Piraten entgegen.
Bennie und Jens (der Sohn meiner Nichte) besuchen uns für ein
paar Tage. Wir bereiten eine Schatzsuche vor. Wir kaufen kleine
Schatzkisten und Piratenkleidung: ein rotes Kopftuch mit Toten-
kopf, eine schwarze Augenklappe und Piratenflaggen. Das Ganze
wird ein großer Spaß. Die Nachkommen des Piraten Sharky finden seinen Schatz am 11. Februar gegen Mittag. In nahegelegener
kleiner »Wildnis« suchen die beiden eifrig.

Die Schatzkisten sind mit goldenen Schokoladentalern und anderem gefüllt. Das ist ein großer Spaß für die Kinder.

Im März wird Manfred dann 70 Jahre. Er feiert mit seiner Familie einschließlich Uschi. Sie hat die gemeinsamen Söhne mit viel Liebe und Sorgfalt und niemals im Hass gegen den Vater erzogen. Sie ist großherzig und klug. Ich mag sie. Ich erlebe viele Mütter, die Zwietracht gegen den Vater in die Herzen der Kinder säen. Das ist für alle Beteiligten, aber vor allem für die betroffenen Kinder fatal.

Der Monat Mai ist überschrieben mit: Es geht doch (noch)! Vom 21.-31 Mai mache ich mit Freundin Antje eine Pilgerwanderung von Braunau zum Mondsee. Ich schreibe einen Bericht darüber, den will ich Ihnen nicht vorenthalten. Aber vorher fahren Manfred und ich nach Berlin, um am Deutschland-Treffen der Ostpreußen teilzunehmen. Wir sind beide gebürtige Ostpreußen. Er hängt mehr an der alten Heimat als ich. Wo auch immer ich lebte, ich habe mich angepasst. Außerdem stammte meine Familie ursprünglich aus dem Salzburger Land. Der Großvater, ein Lehrer, sorgte dafür, dass seine drei Kinder und damit die Enkelkinder »Hochdeutsch« sprachen. Ein bisschen Hochmut war bestimmt dabei.

Die Pilgerwanderung. Es geht doch (noch) ...

Rucksack, Thermosflasche und Apfel gehören unbedingt dazu. Anreise am 21. Mai 2008. Wir, Antje und Edelgard reisen mit dem Zug von Neumünster bzw. Elmshorn in etwa 8 Stunden nach Braunau. Dreimal umsteigen, Hamburg, München, Salzburg.

Der erste Wandertag am 22. Mai ist in Österreich ein Feiertag, Fronleichnam. Ich will nach unruhiger Nacht vor dem Frühstück schnell Geld holen. Festlich in Trachten gekleidete Menschen, strömen in die Kirche und zur Prozession. Ein freundlicher alter Mann lädt mich ein, mitzukommen in die wunderschöne Kirche seiner Stadt. Ich muss leider ablehnen. Nach dem Frühstück soll es losgehen mit unserer Pilgerwanderung. Die Wirtin bietet uns als Stärkung ein selbst hergestelltes Kräuterwasser an. Leider hat sie es versüßt. Es muss aber auch ohne das Bio-Wasser gehen. Unser Weg führt nach Überackern. Vorgesehen sind 18 km. Eine Treppe geht hinab zum Inn. Ein breiter Strom. Wir staunen. Das Wasser ist steingrau. Von der Eisschmelze? Steingrauer Inn, freundliche Menschen, blühende Wiesenraine. Ich fühle mich, als hätte ich Flügel. Bald wechseln wir zur Salzach über. Dann geht es leicht bergan durch ein Waldgebiet. Nach gut vier Stunden erreichen wir Überackern. Es ist warm und wir haben Durst. Ein Gasthof lädt zur Rast ein. Einheimische feiern Fronleichnam. Wir bestellen Knödel mit Grammeln und Kraut, ein Weizenbier und zum Nachtisch Zwetschgen Pofesen mit Sahne. Alles schmeckt vorzüglich. Der Wirt, der aussieht wie ein Manager, verrät uns das Rezept. Wir sind voll des Lobes. Als wir ihn nach der Zieladresse fragen, erfahren wir, dass das ein Ferienhaus ist. Die Familie Lanz wohnt in Wien. Noch 6 km Weg haben wir vor uns. Damit haben wir nicht gerechnet. Nach dem guten Essen scheint uns das sehr viel. Unser Lob hat die Küche erreicht. Jedenfalls kommt die Köchin aus ihrer Küche und winkt uns nach.

Rezept Zwetschgen Pofesen

<u>Zutaten für 4 Personen</u>

3 Eier
150 ml Milch
1 Pk Vanillezucker
3 EL Butterschmalz
8 Scheiben Weißbrot
100 mg Zwetschgenmarmelade (Powidlmarmelade)
4 El. Puderzucker

<u>Zubereitung:</u>

Eier schaumig rühren, Milch und Vanillezucker beifügen und verrühren.
Weißbrotscheiben in das Eier-Milchgemisch eintauchen, dann mit Zwetschenmarmelade bestreichen und immer 2 Scheiben zusammenklappen. Butterschmalz in einer Pfanne heiß werden lassen und die Zwetschgen Pofesen darin an beiden Seiten goldgelb ausbacken. Ca. 3 Minuten pro Seite.
Auf ein Küchenpapier zum Abtropfen legen, dann mit Staubzucker bestreuen und anrichten.

<u>Tipp zum Rezept:</u>
Ideal, um altes Weißbrot zu verwerten.

Für Antje und mich wurden diese Zwetschgen Pofesen zum Leib- und Magengericht.

Sechs Kilometer können lang sein. Endlich sind wir da. Herr Lanz empfängt uns freundlich. Wir werden fürstlich unterge- bracht. Eine ganze Etage für uns. Die Tochter ist ausgezogen. Herr Lanz bietet an, uns zum Essen zur schönsten Aussicht von Weng zu fahren. Danach wird er uns wieder abholen. Wir stau- nen. Wir sitzen genau gegenüber der Burganlage Burghausen. Die Anlage ist einen Kilometer lang. Da Herr Lanz etwas später kommt, finden wir dank Antjes guten Orientierungssinn den Heimweg (ca. 3 km) allein. Wir schlafen traumlos. Das Frühstück schmeckt, ist ausgewogen und reichlich. Einen Apfel als Weg- zehrung bekommen wir auch. Ach ja, da sind ja noch unsere Koffer. Die transportiert Herr Lanz nach St. Radegund.

Am 23. Mai geht es von Überackern nach St. Radegund (16 km) Burghausen, die Salzach, Hahnenfuß, Widder, Pirol, heiße Landstraßen und Herr Habl oder »Das Dorf will einen Heiligen«. Leider endet der lauschige Salzachweg irgendwann und es geht bergauf durch den Wald, dann über lange Landstraßen, Wiesen und Felder zum Gasthof Habel in St. Radegund.

Herr Habl ist nicht nur ein Riese, sondern auch ein Original. Er hat vier Kinder, drei Töchter und einen Sohn, die er alle nutz- bringend für seinen Betrieb einsetzt. Sein Gasthaus ist voll von Gebots- und Verbotsschildern. Wir machen es uns zur Aufgabe, immer noch ein Weiteres zu entdecken. Seine Gäste müssen ihm manche Enttäuschung eingetragen haben. Seine Kinder, wie er stets betont, übrigens auch. St. Radegund will einen Heiligen, das ist unverkennbar. Der Ort erhofft sich den Heiligen vom Bene- dikt, schließlich fast einer der »Unsrigen«.

Grab, Gedenktafel, Gedenkschriften, Geburtshaus, Bilder überall. Er, der Heilige, sei dem Ort gegönnt. Noch heißt er »Seliger« Franz Jägerstätter. Von einem Jungbauern erfahren wir eine Menge über Milchverarbeitung in Österreich. Der Altbauer wendet sich entrüstet ab. Er weiß seine Zeit besser zu verwenden, als für einen Schwatz mit uns. Wir hören, dass es nur Stallhaltung in dieser Gegend gibt. Da sind wir Schleswig-Holsteinerinnen entsetzt. Keine schwarz- und rot-bunten Kühe auf den Wiesen? Herr Habl (d. h. seine Tochter), weiß ein gutes Wiener Schnitzel aus Schweinefleisch zu braten. Seine Zwetschgen Pofesen kommen an das vom Spiegelwirt nicht heran. Uns amüsiert folgende Mitteilung: »Bitte im Zimmer nicht essen. Der Wirt lernt seine Gäste gerne kennen. Wir erwarten Sie in unserem Restaurant!«

Bei Habl am nächsten Morgen: Nebel um 6.00 Uhr. Später dann: Wir trauen unseren Augen kaum. Alpen in Sicht. Unsere Koffer? »Da müssen wir den Opa fragen«, sagt der Wirt. Der Opa ist fesch und ungefähr so alt wie wir. Herr Habl sen. fährt. Geldgierig sind sie nicht, die Österreicher.

24. Mai: Von St. Radegund nach Haigermoos (18 km)

Ein großer alter Bauernhof mit großväterlichem Museum, überarbeitete Bäuerin und geheimnisvolle Nachbarn.
Die Hoffnung, dass die geplanten Kilometer ausreichen könnten, haben wir aufgegeben. Abgebrochene oder verdrehte VIA NOVA (eine Muschel)-Schilder und ungenügende Vorbereitung unsererseits (Karte 1: 100 000 von Via Nova gibt es, sehr ungenaue Wegbeschreibungen) verhindern das.

Aber die Sportkameradin Antje (aktive Ruderin) wendet sich um, mit den Worten »Gleich wird es wieder flach«. Das hilft. Auf gerader Strecke mache ich oft die Tour. Zu zweit ist alles leichter. Nach Umwegen und Verschnaufpausen kommen wir dann am späten Nachmittag bei Frau Felber an. Der Hof ist groß. 150 Stück Vieh. 50 Milchkühe, Kälber, Zuchtbullen und Schlachtvieh. Wieder erfahren wir viel über Viehhaltung. Eine Kuh hat in der Nacht ein Kalb bekommen. Das hat man ihr gleich weggenommen. Sie brüllt jämmerlich. Jetzt bitte nicht an die Wiener Schnitzel denken! Frau Felber ist überarbeitet. Ihr Mann war lange krebskrank. Der Sohn hat jetzt den Hof übernommen. Es gibt noch keine Jungbäuerin. Hilfspersonal trägt dieser große Hof nicht. Der Großvater hat in der alten Scheune ein volkskundliches Museum zusammengetragen. Unsere Fantasien werden aber vor allem durch das Haus nebenan angestachelt. Eine große Jugendstilvilla, umgeben von hohen Mauern. Die Fenster fest geschlossen. Eine Sekte? Frau Felber beruhigt uns. Ein Ehepaar, das gerne für sich ist. Die Tochter fährt uns zum Abendessen in das Nachbardorf. Frau Felber holt uns wieder ab. Die Familie transportiert auch die Koffer. Pünktlich erwarten sie uns bei Frau Guggenburger.

25. Mai: Von Haigermoos nach Dorfbeuren (20 km)

Herr Seidl kredenzt Salbeilikör, Frau Guggenburger ein Doppelzimmer und der Klostergasthof, ein Wiener Schnitzel.
Wir passieren kleine Gemeinden, laufen über Feldwege und landen schließlich in Eggelsberg. Es ist Sonntag und der Ort schläft seinen Dornröschenschlaf. Menschen: Fehlanzeige. Auf dem Dorfplatz steht ein kleiner Pavillon, in dem ein einzelner

Mann Prospekte sortiert. Ein »I« prangt auf dem Häuschen, aber das entdecken wir erst auf den zweiten Blick. So lernen wir Herrn Seidl kennen, ein Tischler im Ruhestand. Herr Seidl bastelt Leiterwagen für Kinder und bedient nebenamtlich den Informationsstand. Er versorgt uns mit einer kostenlosen Karte 1:50.000, stempelt den Pilgerpass und lädt uns in seinen kleinen Laden ein. Herr Seidl braut Kräuterschnaps und Kräuterliköre. Ein vielseitiger Rentner. Mit den Worten: »Heute gibt es alles umsonst«, schenkt er uns ein reichliches Stamperl Salbeilikör ein. Er schmeckt. Gerne hätten wir eine Flasche gekauft, aber unser Rucksack ist schon zu voll. Herr Seidl weist uns dann noch den rechten Weg. Vergnügt und beschenkt wandern wir weiter nach Dorfbeuren. Dort empfängt uns auf dem Weg Maria Guggenburger sportlich mit Rennrad und Sturzhelm. Sie wird uns über Nacht Herberge geben. Kurzerhand teilt sie mit, dass wir in einem Doppelzimmer schlafen müssten. »Ein deutscher Herr« belegt das andere Zimmer. Badezimmer müssen wir auch mit ihm teilen. Na, macht nix!

Am Abend gehen wir dann nach Michelbeuren, um im Klostergarten des riesigen Benedikt-Klosters zu essen. Wiener Schnitzel, diesmal vom Schwein und einen vorzüglichen Nachtisch, Topfenstrudel mit Erdbeeren. Am Nebentisch sitzt ein weiterer VIA NOVA-Wanderer, aber der will nichts mit uns zu tun haben. Schade. Wir schlafen auch im Doppelzimmer von Frau Guggenburger gut. Den Koffer transportiert sie uns auch.

26. Mai: von Dorfbeuren nach Obertrum am See

Wer nicht in die Karte schaut, muss laufen. Es knistert im Gebälk. Missstimmung zwischen Antje und mir.

Eine abgebrochene Muschel und ungenügendes Kartenstudium bescheren uns einen kilometerlangen Umweg über die gut befahrene Landstraße nach Berndorf. Die Sonne brennt vom Himmel. Es ist heiß. In Berndorf begrüßt uns dann die freundliche Muschel mit einer langen Beschreibung und Bildern des Ortes. Aber wir verpassen den Wanderweg trotzdem und landen wieder auf der Landstraße. Ich bin die Straßen satt, und empfehle den Höhenweg, der in unserer Karte eingezeichnet ist. Es geht hoch und höher. Wir haben uns verlaufen. Schließlich landen wir bei Waldarbeitern, die wir nach dem Weg fragen und uns beklagen können. Die trösten uns auch nicht: »Das habt ihr gut gemacht«, lautet der Kommentar. »Dies ist ein sehr schöner Weg.« Am Abend werden wir im Gasthof Neumayr entschädigt. Ein Glas Wasser gibt es zur Begrüßung mit dem Satz: »Mei, Sie sehen ziemlich fertig aus!«, sagt die junge hübsche Wirtin. Im Biergarten gibt es ein Wiener Schnitzel (schon wieder!) und Weizenbier zum angemessenen Preis. Ich schlafe traumlos, trotz des regen Treibens im Biergarten. Diesmal brauchen die Koffer ein Taxi.

27. Mai: von Obertrum nach Henndorf am Wallersee

Von Heu, Fliegen, einem sterbenden Ort und netten Menschen. Es geht durch Wald und Flur, vorbei an Kühen, Pferden (reinrassige Hannoveraner, wie der Züchter uns versichert.) Auf der Höhe angelangt in Seekirchen beim Fischtagginger Wirt, legen wir eine Rast ein. Der Kaiserschmarren mundet und das Dach aus Kastanien schützt uns vor der Sonne. Es wird geheut auf unserem weiteren Weg. Es duftet nach frisch gemähten Wiesen. Als Henndorf in Sicht kommt, setzen wir uns auf eine

Bank und studieren die Karte. Zwei junge Radlerinnen halten an und fragen, ob sie uns helfen können. Eine freudige Überraschung. Der Hof Schwaiger liegt gleich eingangs von Henndorf. Wir sehen den Hof schon von Weitem. Fesch sieht er aus. Auch die Familie Schwaiger macht Heu. Bauer, Bäuerin und Tochter sind emsig tätig. Diesmal keine Ballen. In großen Haufen wird das Heu mit einer Maschine auf den Heuboden gehievt. Das Paradies hat Dornen. Mein Zimmer hat kein Fliegengitter. Es liegt direkt neben dem Heuschober. Das Heu, das dort lagert, wird schon seit zwei Tagen eingefahren. Es stinkt. »Ja, wer das nicht gewöhnt ist«, sagt die Bäuerin nüchtern. Eine Fliegenklatsche liegt bereit. Ich ermorde mehr als »Sieben auf einen Streich«. Aber ich bin kein tapferes Schneiderlein. Hier werde ich nicht schlafen. Ich bitte um Asyl bei Antje und erwarte, dass sie sofort freudig zustimmt. Es ist mir nicht freudig genug. Die zweite Krise unserer Wanderung. Wir haben viel von Carl Zuckmayers Lieblingsgasthof gelesen. Da wollen wir hin. Im Ort erwartet uns ein unentwegter Strom von Lastwagen und PKWs. Alles ist verstaubt und geschlossen. Henndorf liegt im Koma. Wir finden eine offene Dorfkneipe, in der viele Männer sich von des Tages Arbeit zu erholen scheinen. Auch gut. Wir bestellen eine Käseplatte für zwei und Wasser. Morgen steht uns die schwierigste Etappe bevor, der Weg über den Kolomannsberg (1114 m) auf die andere Seite zum Mondsee.

Ich beschließe, ein paar Einheimische am Nebentisch zu befragen. Bedächtiges Kopfschütteln. »Da wollt`s rüber? Acht Stunden werdet ihr schon brauchen!« Eine Karte wird herbeigezaubert, eifriges Messen und Rechnen beginnt. Antje kommt dazu. Mir wird angst und bange. Dann erklärt sich ein selbständiger Fliesenleger namens Markus Feisl bereit, uns um 7.15 Uhr

abzuholen, und an den Waldrand zu fahren.»Da spart´s ihr eine
¾ Stunde.« Ich gebe eine Runde aus. Es kommen aber nur drei
Bier dabei heraus. Nette Menschen gibt es in Henndorf. Wir werden darüber aufgeklärt, dass Geschäftsleute die Umgehung von
Henndorf verhindert haben. Erst als der Kollaps nicht mehr zu
übersehen war, hat man die Umgehung beschlossen. Nun soll sie
2009 fertig sein. Ob der Patient noch einmal zu beleben ist?
Pünktlich um 7.15 Uhr steht Markus Feigl mit seinem Laster vor
der Tür. Wir staunen. Auch pünktlich diese Österreicher. Es kann
losgehen. Während ich das lese und schreibe denke ich: ach,
armes Neumünster.

28. Mai: von Henndorf nach Mondsee (17 km)

Von gesperrten Wegen, umgestürzten Riesen und einer glück-
lichen Ankunft.
Nach ungefähr zwei Kilometern ein Schild:»Dieser Weg ist vom
1. März bis zum 30. September gesperrt!« Was tun? Wir beschließen, einfach weiter zu gehen. Keine Muschel in Sicht. Alles friedlich. Ein Rudel Rehe grast am Waldrand. Als sie uns erahnen, er-
greifen sie die Flucht. Dann geht es in den Wald und stetig bergauf. Wir erreichen das »Heimkehrerkreuz« und staunen. Eine
Muschel. Weiter geht es. Dann wird es richtig schwierig. Eine
Windhose muss hier oben gewütet haben. Die Wege sind kaum
zu erkennen, und durch umgestürzte Bäume und Wurzeln ver-
sperrt. Deshalb also die Sperrung. Wir klettern, kriechen und
ächzen. Baumgnome zwinkern uns mal lustig, mal grimmig zu.
Irgendwann ist der Spuk vorbei und es geht steil und abschüssig
bergauf. Nur nicht herunterblicken. Irgendwann sind wir oben.
Ein Radler hat es auch geschafft. Wie der wohl sein Fahrrad über

den Weg bugsiert hat? Sonst sind wir keinem Menschen begegnet.
Eine kurze Rast und Wasser aus unserer Flasche, dann geht es an
den Abstieg. Kein Muskelkater, keine Blasen, dafür Ziehen in den
Oberschenkeln vom Abstieg. Der Mondsee kommt in Sicht. Wir
fallen uns um den Hals. Das werden wir heute Abend feiern.

28. bis 31. Mai in Mondsee am Mondsee

Abschalten ist nicht leicht. Die Beine wollen laufen. Noch wenig
Feriengäste im Ort. Es geht gemächlich zu in Mondsee. In, im
und um das Hotel Krone wird gebaut. Nach einigen energischen
Worten bekomme ich ein gemütliches Doppelzimmer für mich
alleine. Der Biergarten ist schattig und die Wiener Schnitzel sehr
gut. Allmählich genießen wir die Ruhe. Die armen Kälber sind
leider längst vergessen. Der Ausflug zum Wolfgangsee hätte nicht
sein müssen. Dort sind Touristen zuhauf. Im WEISSEN RÖSSL
AM WOLFGANGSEE, ein komfortables Vier-Sterne-Hotel, hält
man sich Tagesgäste mit hohen Preisen vom Hals. Wir sind froh,
als wir die Stätte wieder verlassen können, und kehren wohlgemut
in unseren Biergarten in Mondsee am Mondsee zurück. Wir genießen den letzten Abend bei Schweinsbraten, Knödeln und
Weizenbier. Am nächsten Morgen sitzen wir auf den Koffern und
warten auf den Bus nach Salzburg.
Als ich meinem Mann diesen Bericht vorlese, fragt er: »Was an
dieser Reise war nun Pilgern?« Ich verstehe die Frage sofort.
Warum habe ich unsere Fürbitten, Gebete und Kirchenbesuche
ausgelassen? Die Wanderpilgertour war für mich mehr als Wandern. Sie war reden und schweigen, beten und Stille halten.
Menschen, die anders leben, kennenzulernen. Gottes Natur
bewundern und genießen. Sie war auch: Sich anstrengen, und an

die eigenen Grenzen gehen. Sie müssen wohl trotz des guten Essens und der meist liebevollen Aufnahme in den Herbergen auch Verzicht bedeutet haben. Wieder zu Hause angekommen, ist plötzlich alles zu viel. Zu viele Möbel, zu viel Raum, zu volle Kleiderschränke, zu viele Aktivitäten. Via-Nova-Pilgerwandern Es war gut, diese Reise zu machen. Ich werde Ähnliches wiederholen, obwohl ich nach zehn Tagen immer noch müde bin.

Zu viele Aktivitäten? Wie werden die nächsten Jahre aussehen? Noch zehn Jahresbücher warten auf mich. Ich bin neugierig auf meine Vergangenheit. Ich füge zu den FAUSTREGELN FÜR EIN ZUFRIEDENES ALTER eine hinzu:

Führen sie, schreiben sie Jahresbücher.

Die Bilder und das Geschriebene sind ein Schatz, den ich jetzt hebe. Aber vielleicht haben Sie ja ein besseres Gedächtnis als ich und behalten das alles?
Nach der Pilgerreise nimmt das Jahr 2008 seinen Lauf. Im Juni fahren wir nach Mölln in das dortige Augustinum (eine Seniorenresidenz) zum Singen.»Geh´aus mein Herz und suche Freud«,»Auf, Du junger Wandersmann«,»Kein schöner Land in dieser Zeit«. Die Lieder kenne ich alle aus meiner Jugendzeit. Eine fröhliche Woche. Den Abschluss bildet ein kleines Konzert für die Bewohnerinnen und Bewohner des Hauses, Mitsingen inbegriffen. Ein guter Anschluss an die Pilgerwoche.
Leon kommt für eine Woche zu uns. Es gibt schöne Bilder vom schlafenden Enkel. Seinen Tiger hält er fest im Arm.

Wie das Jahr weitergeht? Ich kann es selbst kaum glauben. Natürlich erinnere ich mich an einzelne Aktivitäten. Aber hat das alles nach dieser Pilgerwoche wirklich noch 2008 stattgefunden?

Im Juni laden wir die Kinder aus Hannover für 14 Tage nach Winterberg ein. Wir haben einstmals in einem Anfall von Wahn »HAPIMAG-Aktien« gekauft. Aber die Wohnungen und Anlagen – auch diese in Winterberg – sind günstig gelegen, praktisch eingerichtet und gemütlich. Wir mieten zwei Wohnungen. Nicolas aus Düsseldorf kommt uns besuchen. Bennie darf im Porsche mitfahren und ist beglückt. Im August wird er dann eingeschult. Die Eltern machen ein Fest daraus und wir alle sind eingeladen. Im Juli lädt die Tochter der verstorbenen Ingrid Markgraf zu einem ganz besonderen Treffen ein. Auf zum Stockseehof am 27. Juni 2008 um 15.00 Uhr. Ein Apfelbaum schmückt die Einladung mit der Unterschrift:»Lütt Dirn, kumm mal röwer, wiste `ne Beer.« Ein Apfelbaum, Symbol für Vitalität, Verführung, Einheit und Streit, soll gepflanzt und Zeichen des Treffens werden. Da bietet sich der Stockseehof geradezu an. Vitalität, Verführung, Einheit und Streit, das alles hatte Ingrid in hohem Maße. Später wird mein Sohn auch einen Apfelbaum auf seinem Streuobst-Hof für seinen Bruder Peter pflanzen. Aber die Zukunft liegt zu diesem Zeitpunkt noch im Dunkeln.

Vom 4.-11. September dann ein weiterer Höhepunkt: Ich mache mit Freundin Renate eine Fahrradtour die Mosel entlang. Von Trier nach Koblenz. Schon Trier wird zum besonderen Erlebnis. Die alte Römerstadt fasziniert mich. Eine Stadtführung mit einem Pastor des Trierer Doms wird einer der Höhepunkte dieser Tour. Die Zeit der Römer wird lebendig. Dann folgt ein gemütlicher

Radweg. Pralle, reife Trauben, weiß und rot, begleiten uns. Junge Weinbauern sind dabei, den Moselwein zu »neuer Blüte« zu führen. Die Ernte hat begonnen. Harte, beschwerliche Arbeit in diesen Berglagen. Kleine Weingüter laden zum Übernachten ein. Harmonie und Einverständnis zwischen Renate und mir. Glückliche Tage. Auch Renate ist nun schon lange tot.

Im Oktober wird mein erstes Enkelkind geboren. Paul, Sohn von Mia und Peter. Das erste Enkelkind in meiner Familie. Wir fahren nach Köln, um das Enkelkind zu bewundern. Wir nehmen Janne mit. Mit Janne fahre ich im Anschluss noch ein paar Tage nach Trier. Das muss ich ihr einfach zeigen.

Vom 20.-26. Oktober findet die »inoffizielle Deutsche Scrabble-Meisterschaft« der ZEIT in Bad Sassendorf statt. Die Teilnahme daran, war mein Geburtstagsgeschenk im Februar von Horst. »Denn er wusste nicht, was er tat.« Da sitzen lauter alte Hasen, die sich gut kennen und schon seit Jahren spielen. Profis! Der Redakteur der ZEIT hat sich von Horst überreden lassen, dass ich teilnehmen darf. Aber ich habe Glück mit den Buchstaben, die ich ziehe. Die Letzte von 40 Teilnehmern und Teilnehmerinnen werde ich nicht. Ich schlage mich tapfer, auch wenn ich manchmal blankes Entsetzen über meine Züge bei den Profis auslöse. Die Lust an Turnieren ist geweckt. Es werden viele Wettbewerbe in den nächsten Jahren folgen. Ein Altershobby ist gefunden. Der November wird ein stiller Monat. So steht es da. Wen wundert es.

Die Überschrift im Dezember lautet dagegen wieder:
Prall gefüllt mit Menschen, Ereignissen und Geschenken.

Manfred und ich fahren für eine Woche nach Benningsen bei Hannover zum Chorsingen für Senioren. Am Ende ein Konzert in der Kirche. Uschi, Ursel (Mutter von Birgit), Hanne, Siegfried, Janne und Ben kommen zum Zuhören.

Nur noch eins: ein Gedicht von Horst zu Weihnachten.

... wie ein helles Licht
in der Dunkelheit leuchten
die kleinen Zeichen,
mit denen wir einander sagen
Du liegst mir am Herzen.
Ich hab´an Dich gedacht.

Na denn, auf ein hoffentlich gutes Jahr 2009. Da ahne ich noch nicht, dass es ein Katastrophenjahr werden wird.

Ich schlage das Album des Jahres 2009 auf.
Ein ganzseitiges Foto sieht mich an.
Mia, Peter und ihr kleiner Sohn Paul.
Ich schaue auf die Überschrift:

Peter stirbt am 10. Mai 2009.

Sofort schießen mir Tränen in die Augen. Ein Schmerz, der nie vergeht. Er fehlt mir so. Im März 2020 würde er 55 Jahre alt.

Aber zunächst fängt das Jahr normal an. Im Februar sind wir wieder auf Sylt.

Bereits im April nehme ich an meinem 2. Scrabble Turnier teil. Zweites »Hamburger Fairmasters«. Ein Scrabble-Turnier mit Weltstadtflair, nennt es sich. Ich mache den 46. Platz bei 50 Teilnehmerinnen und Teilnehmern. Ich bin trotzdem zufrieden und meine Begeisterung für Scrabble ist ungebrochen. Ich bin froh und unbeschwert. Ich ahne nicht, dass nur wenig später eine Katastrophe über uns hereinbricht.

Im März sind wir in Köln. Ich mache meinen letzten Spaziergang mit Peter. Wir beide schieben den Kinderwagen mit Paul abwechselnd. Ein Anruf von Nicolas am 10. Mai, es ist früher Morgen. »Mutter setze Dich bitte hin: Peter ist tot.« Ich kann nicht aufhören zu schreien.

Ich will das hier nicht alles wiederholen, weil es mich immer wieder in den Abgrund reißt. Es fühlt sich an, wie die Hölle. Ich habe das alles in einem Buch niedergeschrieben. Einige Monate nach Peters Tod. Daher an dieser Stelle nur eine kurze Version dieses grausamen Ereignisses.

Zwei Tage nach dem entsetzlichen Anruf soll die Beerdigung sein. Niemand will eine Abschiedsrede halten, weil alle in Schockstarre und Entsetzen sind. Wir können Peter doch nicht ohne Worte im Grab versenken. Ich entschließe mich schweren Herzens, die kleine Rede zu halten. In der Nacht vor der Beerdigung arbeite ich sie aus. Nur nicht zu emotional, denke ich. Obwohl das unmöglich ist. Aber ein Tränenausbruch, ein Zusammenbruch vor der versammelten Trauergemeinde, davor habe ich Angst. Schlafen kann ich nicht. Sein plötzlicher Tod ist so endgültig. Ich kann und will das nicht akzeptieren.

Sein Tod führt zu unterschiedlichen Reaktionen bei den beteiligten Familien. Er bringt Parteien auseinander, führt andere wieder enger zueinander. Es bleibt eine entsetzliche Tragödie, die niemals heilt im Schmerz. Jeder muss seinen Weg finden, damit umzugehen.

Das Leben geht weiter. Es muss weiter gehen. Das Grab in Düsseldorf ist weit weg. Ich lasse mir einen Stein machen, den wir auf dem Grab meiner Eltern ablegen. Einen Ort schaffen, an den ich gehen kann.

Mein Mann und ich wiederholen die Pilgerwanderung von Braunau zum Wolfgangsee. Das Hotel am Mondsee ist besetzt. Nichts hilft mir.

Ich lebe irgendwie weiter.

Auch eine meiner Freundinnen stirbt im gleichen Jahr an Krebs. Birthe, Mitarbeiterin und Freundin, Doppelkopfpartnerin.

Ich lebe weiter.

Enkelin Janne wird konfirmiert.

Das Leben geht weiter.

Mein Mann Manfred, Tröster, Planer, Handwerker und vieles mehr, schreibe ich unter ein Bild von ihm.

Im Oktober steht das 10. ZEIT-Scrabble-Turnier an. Auf Mallorca. Wir fliegen hin. Ich mache Platz 34.

Ablenkung hilft.

Ich fahre mit Janne eine Woche nach Trier. Einmal im Jahr werden wir jetzt eine solche Reise machen.

Trost.

An das Weihnachtsfest habe ich keine Erinnerung.

Wahrscheinlich waren wir wieder in Hannover. Manfred und ich fahren vom 30. Dezember bis zum 4. Januar nach Amrum.

Auch laufen in der Nordseeluft hilft.

Auf die letzte Seite des Jahres ist eine Collage geklebt, die ich im Rahmen eines »Helfenden Gespräches« angefertigt habe. Hoffnung für das Jahr 2010, steht darüber. Fachwerkhäuser, spielende Kinder, blühende Bäume, ein Traktor, zwei wandernde Menschen, Scrabble-Buchstaben. Mein älterer Sohn will einen alten Bauernhof in der Eifel kaufen.

Das Jahrbuch 2010 startet mit einer Bildserie des Bauernhofes, den Nicolas gekauft hat. Die Übergabe hat am 31. Januar 2010 stattgefunden. Insgesamt sind es drei Häuser, Wohnhaus, Heuschober umgebaut zum Einraumhaus und der ehemalige Stall mit angebautem Wohnteil. Dazu gehören zwei überdachte, offene Schuppen. In der Folge darf ich das Anwesen Gütchen taufen. Das Gütchen also. Es wird einige Jahre dauern, bis der Sohn es so umgebaut hat, dass es seinen Wünschen entspricht. Nicolas ist anspruchsvoll.

Tage auf Sylt vom 5.-13. Februar, Nicolas kommt mit Freundin Claudia über meinen Geburtstag angeflogen.

Krisen in meinem bisherigen Leben habe ich meist damit gemeistert, dass ich aktiv wurde. So ist es auch diesmal. Ich gehe zum Seniorenbüro und biete mich als Ehrenamtliche an. Eine Scrabblegruppe will ich anbieten. Am 15. Februar erscheint im Holsteinischen Courier ein großer Artikel mit der Überschrift: »Scrabble als Gehirnjogging – nicht nur für Senioren.« Ein neuer Club soll Spieler zusammen bringen. Über dem Artikel ein Bild einer Mitarbeiterin des Seniorenbüros und ich. Es melden sich zehn Frauen und ein Mann. Eine junge Frau ist auch

dabei. Claudia ist Turniertänzerin und Mutter von zwei Söhnen.
Meine Schülerin ist begabt und ehrgeizig. Sie spielt mittlerweile in
fast allen Scrabble-Turnieren in Deutschland. In diesem Jahr hat
sie bei einem Turnier den 2. Platz gemacht. Die Gruppe hat
gerade ihr 11-jähriges Bestehen gefeiert, der Teilnehmerkreis hat
sich leicht verändert, einige sind fortgeblieben, andere sind dazu
gekommen.

Vom 7.-24. April miete ich mich in einer Wohnung in Westerland
ein, versuche zu entspannen und zur Ruhe zu kommen. Eine
Freundin schickt mir folgendes Gedicht:

Als er zurückgetrottet kam zu Gott,
die Lieder unvollendet,
die Arbeit nicht vollbracht.
Wer weiß, welch Pfade müde er beschritt,
welche Berge des Friedens
oder des Leids er erklomm.
Ich hoffe, Gott nahm seine Hand und lächelte.
Das Buch des Lebens ist schwer zu verstehen,
hättest in der Schule Du ausgeharrt!
Gedicht von Charles Hanson Towne

Am 16. Mai findet in Bad Kissingen die erste »Offizielle
Deutsche Scrabble-Meisterschaft« statt. Mutig nehme ich teil.
Welchen Platz ich belegt habe, weiß ich nicht mehr. Die Urkunde
ist nicht im Jahrbuch. Aber es mindert meine Freude am
Scrabbeln nicht.

Suche das Gespräch mit der jüngeren Generation, sie sind die Zukunft

Gemeinsam mit meinem Mann und Claudia bieten wir eine Scrabble-Projektwoche an der IGS-Brachenfeld an. Zwölf Schülerinnen und Schüler melden sich. Am ersten Tag fragende Gesichter: Was das hier wohl werden wird? Am zweiten Tag: Wird schon werden! Die Schüler lernen schnell. Am dritten Tag: Die Seniorengruppe kommt zu Besuch. Jung gegen Alt. Am vierten Tag: ein kleines Turnier. Nicolas hat einen schönen Preis gestiftet. Der Vorsitzende von Scrabble Deutschland, Sebastian Herzog, kommt aus Hannover angereist. Natürlich ist er besonders an der Arbeit mit Jugendlichen interessiert. In den »Kieler Nachrichten« und im »Courier« wird in Artikeln mit Fotos darüber berichtet. So wird das in den nächsten beiden Jahren weitergehen.

Vom 26. Juni-4. Juli sind wir mit Janne und Bennie auf dem Gütchen. Wir feiern ein Einweihungsfest mit den wenigen Nachbarn. Es gibt neun Häuser in der kleinen Gemarkung. Wir kaufen ein: Eimer, Wäscheleine, Wäscheklammern, eine Wanne, eine Waschmaschine und einen Trockner, Gartentisch und Gartenstühle. Wir schlafen auf dem Fußboden auf aufblasbaren Matratzen. Kissen, Decken und Bettbezüge haben wir besorgt. Eine Induktionsherdplatte haben wir aus Neumünster mitgebracht. Die hat uns ein Freund geliehen. Die Gartenstühle bleiben selten leer. Freunde und Verwandte wollen sich das Spektakel ansehen. Die Kinder sind glücklich. So viel Weite, so viel Freiraum. Wir sind froh.

Am 1. Oktober feiern wir ein Fest in Neumünster mit unseren Nachbarn. Wir wohnen jetzt 25 Jahre in unserer Straße. Eine Stichstraße. Da kennt man sich.

Ich schreibe ein Gedicht:

Nachbarn haben, das ist klar
ist ganz einfach wunderbar.
Rechts und links und gegenüber,
schauen schon seit 25 Jahren
Nachbarn auch zu uns herüber.

Nebenan ist gar nicht weit
und zur schönen Jahreszeit,
wenn man dann im Garten schuftet
und der Schweiß in Strömen rinnt
ist ein Plausch mit Nachbar (in)
eine stets willkommene Freud.

Nachbarschaft, die gut uns gut
und wenn keiner helfen kann,
schellt man kurz beim Nachbarn an.
Brauchst ne´ Leiter für das Dach?
Birthe Mähling leiht sie Dir,
und das ohne Weh und Ach.
Reparaturen groß und klein,
lädst Du Friedrich Mendig ein.
Schnell und fit macht er sie gern.
Nicht zu helfen liegt ihm fern.

Hat Dein Auto mal ne´ Panne,
fragst Dich, wie Du kommst zum Ziel
Birgit bietet ihres an.
Das ist wirklich ziemlich viel.

Wenn wir dann verreisen wollen,
ist die Anne Russe da.
Blumen gießen, Post rausholen
macht sie ohne viel Trara.
Fred und Heinzi die Experten,
kommen auch zu uns ins Haus.
Wenn der Laptop mal nicht will,
helfen sie geschickt und still.

Vom 16.-22. Oktober fahren wir mit Bennie nach Büsum.
Horst singt das Weihnachtsoratorium mit Lust und Freude im
Bachchor der Vicelin-Gemeinde. So vergeht das Jahr.
Die Trauer macht kontinuierlich Station bei mir.

Intermezzo 1. Februar 2019

Manfred und ich waren zwölf Tage auf Sylt und gleich darauf in
Bad Bederkesa zu einer »Goldenen Hochzeit«. Auf Sylt Regen
und Sonne, viel Wind, nette Bekannte, lange Wanderungen am
Strand. Mit dem Bus nach Kampen, dann zu Fuß gegen oder mit
dem Wind nach Westerland. An manchen Tagen sind wir zwölf
Kilometer durch Sand gelaufen. Ich bin dort 81 Jahre alt
geworden. Kein Grund, zu feiern. Die Goldene Hochzeit führt
uns eine glückliche Familie vor. Lauter Ärzte, Orthopäden

zumeist. Die Enkelkinder und Kinder spielen Trompete, Klavier, sagen Gedichte auf. Eine Enkelin studiert im ersten Semester Medizin. Wir haben ähnlich gefeiert. Nun fehlt einer. Peter fehlt. Schmerzen in meiner Brust.

Morgen gehe ich für ein paar Tage in die Herzklinik. Bald muss ich mein Köfferchen packen. Der Druck auf den Brustkorb hat zugenommen. Fantasien machen sich breit. Was tun, wenn sie eine Bypass-Operation für nötig halten? Will ich mich einer solchen Operation aussetzen? Als ich vor fünf Jahren zwei Stents eingesetzt bekam, hatten sie auch Bypässe vorgeschlagen. Damals habe ich gesagt: »Lieber will ich sterben!« Ich habe sie gesehen, die Menschen, denen der Brustkorb aufgeschnitten worden war. Die Folgen, die eine so lange OP mit Narkose für das Gehirn haben könnte, sind unabsehbar. Ich denke an meine Mutter. Morgen weiß ich schon mehr. Ruhe bewahren.

Aber noch bin ich im Jahr 2011.
Das Gütchen wächst. Nicolas restauriert und gestaltet mit seinem Architekten das erste Haus. Das sogenannte Gästehaus. Ich bin nicht von allem begeistert. Vor allem die Küche gefällt mir nicht. Nur keine Kritik üben, das mag der Sohn nicht.

Die Kurfrau Petra schickt mir einen Text von Propheten Khalil Gibran.
Von der Freude und vom Leid ...
... wenn Ihr bekümmert seid, blickt abermals in Euer Herz und ihr werdet erkennen, dass Ihr in Wahrheit über das weint, was zuvor Freude war.
Manche von Euch sagen, die Freude wiegt schwerer als das Leid, und andere sagen: Nein, schwerer wiegt das Leid. Ich aber sage Euch, die beiden sind

untrennbar. Sie kommen stets gemeinsam und sitzt nur das eine an Eurem
Tisch, vergesst nicht, dass das andere in Eurem Bett schläft ...

Ja, so ist es wohl. Aber jetzt in diesem Jahr 2011 sitzt das Leid am
Tisch und schläft auch in meinem Bett.
Im Februar stirbt unser lieber Doppelkopffreund und Mann
meiner Freundin und Kollegin Ingrid. Am 13. Februar fahren wir
zum Gütchen und besuchen das Grab von Peter. Es tut so weh.

Im März halten Manfred und ich je einen kleinen Vortrag über
unsere Flucht. Ich lese »Aufgeschriebenes« vor. Manfred wird
sehr politisch und erregt Anstoß. Die »Kieler Nachrichten«
schreiben einen längeren Artikel:

Wenn man drüber redet, merkt man, es kommt wieder hoch.
Prägt die Flucht nach dem Krieg Menschen ein Leben lang? Aus
zwei unterschiedlichen Perspektiven beleuchten das Ehepaar
Edelgard und Horst Lessing beim Tag der Offenen Tür im
Lötzener Heimatmuseum, die Zeit ab dem Herbst 1944.
Flucht traumatisiert Menschen. »Im täglichen Leben habe ich es
verdrängt«, sagt Edelgard Lessing. »Aber wenn ich drüber rede,
merke ich, es kommt wieder hoch.« Das ist eine Erfahrung, die
die beiden Eheleute auch nach Jahrzehnten teilen. Sechs Monate
war Edelgard Lessing als Sechsjährige mit ihrem Bruder und ihrer
Mutter zu Fuß und als Mitfahrer auf Militärtransportern von
Schloßberg in Ostpreußen nach Havighorst in Schleswig-Holstein
unterwegs. Ihre »Blitzlicht-Erinnerungen« an die Zeit hat die
73-Jährige in einem Manuskript »Fluchten« verarbeitet. Sie hat die
eigene Flucht mit der Flucht einer Vorfahrin aus dem Salzburger
Land verknüpft.

Horst Lessing wird als Historiker, der auch politische Entscheidungen in Amerika und Europa während des 2. Weltkrieges im Blick hat, eine politisch-geografische Einordnung der Zeit zwischen dem Versailler Vertrag und Nürnberger Prozessen vornehmen. »Der Krieg fiel nicht vom Himmel«. Auch er wird Auszüge aus seinen Erinnerungen an die Flucht aus Willkischken im Memelland lesen. »So weit, wie meine Stimme trägt«, sagt der 73-Jährige.

Dann bin ich bis zum 15. April auf Sylt. Manfred fährt einige Male wegen seines Chors und seiner Sorge um unser Haus nach Neumünster.
Ich lerne einen Osteopathen kennen. Er tut mir gut und hilft mir bei Schmerzen, die ich im Rücken und im linken Bein habe.
Am 19. April kennen Manfred und ich uns 40 Jahre.

Am 7. Mai machen wir mit der VHS einen Stadtrundgang durch Neumünster und lernen die Vielfalt von Arbeitersiedlungen der ehemaligen Leder- und Textilstadt kennen. Uns erstaunen die liebevollen Details an Türen und Außenfassaden.

Am 10. Mai ist der Todestag von Peter. Zwei Jahre ist er jetzt tot. Diese Wunde heilt die Zeit nicht. Aber das Leben geht weiter.

Im Juni werden Pläne geschmiedet. Wir haben beschlossen zwei Kinder aus einer »musikalischen« Familie mitzunehmen. Die Familie hat fünf Kinder. Alle lernen und spielen ein Instrument. Anne und Max wollen mitkommen. Bennie wird dabei sein. Vom 27.-30. Juni aber findet die 2. Projektwoche Scrabble an der

IGS statt. Fotos zeigen Jungen und Mädchen mit über das Scrabble-Brett geneigten Köpfen. Scrabble erfordert viel Konzentration.

Vom 9.-23. Juli geht es dann auf das Gütchen. Anne und Max verabschieden sich auf dem Bahnhof Neumünster von ihren Eltern. Bennie steigt in Hannover dazu. Im Zug findet erstes Beschnuppern statt. Die Kinder mögen sich. Nicolas überlässt uns eine zum Einraum-Wohnhaus umgebaute Scheune. Sie stammt aus dem Jahr 1740 und steht unter Denkmalschutz. Beim Möbelkauf und Einrichten helfen die Kinder mit Begeisterung. Die IKEA-Möbel müssen zusammengebaut werden. Irgendwie, irgendwann stehen die meisten Schränke, Betten und Regale an ihrem Platz. Die Kinder spielen mit Manfred Schach und Fußball auf dem weiten grünen Rasen. Ich sorge für die Ernährung. Auf dem Hof gibt es einen Aufsitz-Rasenmäher. Er ist gar nicht so leicht zu steuern. Mit Begeisterung machen die Kinder den Rasenmäher-Führerschein. Stolz präsentieren sie ihre Urkunde. Wir sammeln Fundstücke in der Natur und stellen die sie auf den Fensterbrettern aus. Ich koche Marmelade. Die Nachbarskinder kommen oft herüber und abends gibt es im »Gästehaus« Vorlesestündchen.

Da es im Gästehaus keine Schränke gibt, liegen die Kleider der Kinder ausgebreitet auf dem Fußboden. Gewöhnungsbedürftig. Nachbar-Besuche im nächsten Dorf. Schafe und Ziegen finden viel Anklang. Mein Ehemaliger macht mit den Kindern wieder eine Führung durch Köln. Höhepunkt: das Schokoladenmuseum. Für den 16. Juli laden wir zu einem Nachbarschaftsfest ein. Wir leihen ein transportables Klavier. Anne wird es spielen und Max auf seiner mitgebrachten Querflöte begleiten. Verwandte aus

Duisburg und eine Freundin aus Kiel kommen dazu. Es wird ein großes, fröhliches Fest. Wir haben unseren Einstand gegeben. Wir sind angekommen. Und große Büsche mit Pfingstrosen blühen dazu! Die Bilder zeigen unsere eingerichtete Scheune. Wunderschön sieht alles aus. Wir haben ein zweites Zuhause ...

Wo Worte fehlen, das Unbeschreibliche zu beschreiben.
Wo die Augen versagen, das Unabwendbare zu sehen.
Wo die Hände das Unbegreifliche nicht fassen können.
Bleibt einzig die Gewissheit, dass Du für immer in
unseren Herzen weiter leben wirst.

Meine älteste und beste Freundin Burgi stirbt am 26. August. Die Goldschmiedemeisterin, der ich so viele schöne gemeinsame Stunden verdanke, so viel Freude und Leid geteilt habe, ist tot. Sie hat so lange gelitten und es so tapfer getragen. Die Erinnerungen bleiben. Es bleiben auch die schönen Schmuckstücke, die sie für mich angefertigt hat als sichtbares Zeichen. Immer wenn ich sie trage, ist sie da.

Am 5. September gehe ich in die Herzklinik nach Bad Segeberg. Ich liefere mich quasi selbst ein. Seit drei Jahren habe ich zunehmende Schmerzen in der Brust. Die Katheder-Untersuchung bringt leider kein gutes Ergebnis. Mein Herz beginnt zu verkalken. Mir werden zwei Stents eingesetzt. Die Klinik empfiehlt einen Reha-Aufenthalt, da es noch andere Baustellen gibt. Ich bin privat versichert. Die Kasse will nicht zahlen. Mein Mann und ich sind uns einig. Dann zahlen wir selbst. Aber dann gibt es doch noch eine Zusage. Vom 15. September bis zum 5. November verbringe ich gesunde, heilvolle Tage in der Klinik. Eine sehr gute Zeit für mich.

Im Oktober gehe ich einen entscheidenden Schritt. Ich will so nicht weiter trauern. Ich begegne durch einen Zufall der Journalistin Alexandra Brosowski und frage sie, ob sie mir nicht als Mentorin helfen möchte, ein Buch zu schreiben. Sie sagt zu.

Im November wirkt Manfred als Chor-Sänger bei einer Aufführung der »ZAUBERFLÖTE« mit. Die Aufführung wird nicht nur chorisch und solistisch, sondern durch die gesamte Gestaltung zum großen Erlebnis.

Ich arbeite mit Alexandra an meinem Buch. Jede Woche treffen wir uns an einem Vormittag. Ich rede und weine. Für mich wie eine Therapie.

Silvester verbringen wir auf dem Hof. Nicolas ist auf Reisen. Hanne, Siegfried, Janne und Bennie kommen. Wir feiern mit Doppelkopf und Fondue. Das Feuerwerk, das aus den umliegenden Dörfern zu uns herüber strahlt, ist grandios.

Ich bin jetzt 73 Jahre alt. In meinem Leben gibt es immer noch sehr viel Bewegung. Ich bin alt. Eine Greisin bin ich nicht. Wann habe ich mich zum ersten Mal »alt« gefühlt? Wann hatte ich das Gefühl, jetzt bin ich alt? Ich erinnere mich daran, dass als ich 50 wurde, die allgemeine Meinung war, das Frauen ab 50 Jahren in der Gesellschaft nicht mehr vorkommen. Sie spielen kaum noch eine Rolle. Für Männer sind sie uninteressant, im Beruf, bei Ärzten in der Gesellschaft werden sie eher als grau und gesichtslos wahrgenommen. Manchmal schien sich mir die allgemeine Meinung zu bestätigen. Bei Ärzten spielte mein Mann stets eine andere Rolle als ich. Er bekam mehr Untersuchungen, hatte intensivere Gespräche. Auch bei Verkäuferinnen, beim Servicepersonal in Restaurants kam es immer wieder vor, dass ich zwar die Rechnung bezahlte und ein großzügiges Trinkgeld gab, die Zuwendung aber bekam er. Wenn ich heute 50-jährige Frauen sehe, staune ich immer wieder, wie jung und attraktiv sie oft aussehen.

Margot Käßmann beschreibt in ihrem Buch »Schöne Aussichten«, dass, als sie sich zum ersten Mal auf einem »Selfie« sah, sie erschrak über die vielen Falten in ihrem Gesicht. Ich kann mich an ein ähnliches Erlebnis erinnern. Ich muss damals 65 Jahre alt gewesen sein. Seitdem meide ich »Selfies« und schaue lieber in den Spiegel. Sie sind oft liebevoller. Jetzt bin ich 82 Jahre alt. Mein Körper macht mir das deutlich. Oft sagen mir Menschen, dass ich viel jünger aussehe. Ich nehme das nicht ernst und kokettiere auch nicht mit meinem Alter. Ich kleide mich gut. Ein wenig Lippenstift, eine Spur von Make-up, ein guter Haarschnitt, wenig Schmuck tun ihre Wirkung. Ich sehe mich dann gerne im Spiegel an. Mein Mann sagt mir oft, dass ich gut aussehe.

Ich habe immer Wert auf Kleidung gelegt. Jede Frau hat heute die Möglichkeit, »junge Kleidung« zu tragen. Meine Mutter hatte – wenn ich mich recht erinnere, nie auch nur einen Lippenstift. Nivea-Creme tat es auch. Auf Kleidung legte sie keinen besonderen Wert. Es war eher mein Vater, der sie ermutigte, sich dies oder jenes zu kaufen. Ein Vorbild war meine Mutter nicht, was das Äußere anlangt. Da kam schon eher meine Großmutter in Frage.

Ich bin so alt, wie ich bin. Ich würde niemals mit Botox oder anderem an mir arbeiten lassen. Immer noch ist mein Leben erfüllt und ich bin meist zufrieden. Ich habe gelernt, mich zu behaupten, mich an Gesprächen zu beteiligen. Meist werde ich wahrgenommen.

(1) Margot Käßmann, Schöne Aussichten auf die besten Jahre

Intermezzo 2. Februar 2019

Am Mittwoch, 20. Februar, morgens um 8.00 Uhr brechen wir auf. Manfred fährt mich in die Herzklinik nach Bad Segeberg. Um 9.00 Uhr soll ich dort erscheinen. Die Schmerzen in meiner Brust sind stärker geworden. Beim Wandern schmerzen Brustkorb und Rücken. Nach einer kurzen Wartezeit werden meine Daten aufgenommen. Dann gehen wir in die V2. (2. Etage in der sog. Hotel-Klinik). Wir werden freundlich empfangen und gebeten, in einem kleinen Wartezimmer Platz zu nehmen. Nach kurzer Zeit bekomme ich mein Zimmer zugewiesen. Da ich schon zum 3. Mal in dieser Klinik bin, weiß ich, was mich erwartet. Ein großer heller Raum, pastellfarben. Schnell bekomme ich einige Zettel, auf denen die fälligen Untersuchungen aufgeführt sind. Blutabnahme, Ultraschall, Verkabelung mit Langzeit-EKG und Blutdruck-Mess-Gerät. Der junge Arzt, der die Ultraschalluntersuchung durchführt, macht mir Mut. Er könne nichts Auffälliges entdecken.

Am Nachmittag kommt eine junge Ärztin, die sich als 2. Stationsärztin vorstellt. Der Chefarzt empfiehlt mir, eine Herzkatheteruntersuchung. Ähnliches hatte ich schon erwartet. Nachdem mir die Ärztin in »Beipackzettel-Mentalität« aufgezählt hat, was für furchtbare Nebenwirkungen eine solche Untersuchung haben kann, bin ich so verunsichert, dass ich nun nicht mehr weiß, ob ich das will. Ich sage: »Das muss ich erst mit meinem Sohn besprechen, der ebenfalls Arzt ist.« Ich habe vielen Menschen beigebracht, wie ein »helfendes Gespräch« zu führen ist. So jedenfalls nicht.

Die Gründe, warum das denn nötig sei, nach der positiven Ultraschalluntersuchung erklärt sie mir so, dass ich sie nicht verstehe. Ich bitte meinen Sohn um einen Anruf. Abends um 21.00 Uhr ruft er an. Er erklärt mir, dass bei einer Ultraschalluntersuchung der Zustand der Herzkranzgefäße nicht deutlich werde. Das könne nur durch eine Katheteruntersuchung geklärt werden. Na gut, was sein muss, muss sein. Die Schmerzen in der Brust nehmen zu.

Am nächsten Vormittag wird die Untersuchung durchgeführt. Ich bin sehr aufgeregt. Das ganze dauert etwa eine Stunde. Der Chefarzt schaut mal vorbei. Sagt, man werde mich medikamentös etwas anders einstellen, das sei erst einmal ausreichend. Ich bekomme einen Druckverband und werde von einem sehr netten jungen Mann, der mir erzählt, dass er aus Persien stammt, in mein Zimmer gebracht. Danach muss ich drei Stunden stramm auf dem Rücken liegen und darf das rechte Bein nicht bewegen. Die Schwester, die den Verband abnimmt, sagt lapidar: »Da hat man Ihnen ja einen ganz schönen Schnitt verpasst.« Das hört sich für mich nicht so gut an. Allmählich fängt die Wunde an zu schmerzen, und es folgt die zweite schlaflose Nacht. Sie teilt mir mit, dass ich am nächsten Tag entlassen werde. Am nächsten Morgens sind die Schmerzen verschwunden und die Schwester, die den Druckverband abnimmt, stellt fest, dass das sehr gut aussähe und ich abends, aber spätestens am darauffolgenden Morgen, das Pflaster abnehmen könne. Ich schreibe eine vernichtende Kritik über die Stationsärztin in den Bewertungsbogen, der auf dem Tisch liegt. Später werde ich ihn zerreißen und mir einen neuen Bogen geben lassen. Ich will niemandem schaden.

Es gibt auch viel Schönes, Ermutigendes an diesen 2 ½ Tagen. Mein Mann kommt jeden Tag. Ich habe ein sehr gutes Gespräch mit einer Krankenschwester, der ich auf Anfrage erzähle, wie ich meinen jüngeren Sohn verloren habe. Am nächsten Tag schenke ich ihr mein Buch »Schattenlicht«. Meine Segeberger Freundin und Kollegin Ingrid kommt mich am Abend besuchen. Durchweg ist das Pflegepersonal freundlich und zugewandt. Da gibt es Empathie für die Patienten. Am Freitagmorgen packe ich mein Köfferchen und gehe zum Frühstück. Der Chefarzt wird gegen 10 Uhr vorbeikommen. Wir haben ein kurzes Gespräch. Er sagt mir, dass ich auf meinen Rücken achten solle (das ich Rückenschmerzen habe, hatte ich der Stationsärztin erzählt.) Er erklärt mir die neue Tablettengabe. Er hat sich offensichtlich gut vorbereiten lassen. Da bin ich doch erstaunt, und es freut mich auch. Ein Rezept für die neuen Tabletten und ein vorläufiger Entlassungsbericht, liegen für bereit. Ich gebe einen positiven Bewertungsbogen ab, bekomme sechs der neuen Tabletten, verabschiede mich und erwarte im Eingangsraum meinen Mann, der bald kommt. Keine Bypass-OP, keine neuen Stents, ein guter Allgemeinzustand wird mir attestiert. Ich bin sehr erleichtert und froh. Horst und ich gehen ein Stückchen am Segeberger See spazieren, essen im Klinik-Hotel-Restaurant zu Mittag. Erlösung, Erleichterung macht sich breit.

Vielleicht bleiben mir ja noch ein paar Jahre. Zu Hause stellt sich starker Schwindel ein, und ich habe seit Tagen keine Verdauung. Ich lese den Beipackzettel und setze die Tabletten ab. Jetzt liegt ein anderes Rezept auf meinem Schreibtisch. Morgen werde ich die Tabletten kaufen und erst einmal den Beipackzettel lesen. Die mir vom Chefarzt verschriebenen Pillen kosteten 60 Euro für 20 Stück. Ich schenke sie meinem Hausarzt. Die neuen Tabletten kosten ca. 20 Euro für 60 Stück.

Das Jahrbuch 2012 beginnt mit einer Aufzählung der regelmäßigen Aktivitäten und Befindlichkeiten.

Anfang des Jahres kommt uns die Nichte von Horst, Billa, die ehemalige Porzellanmalerin besuchen. Sie sammelt seit langem Kaffeekannen von Meißen. Auch ich habe vor Jahren gesammelt. Kleine Döschen, Fabergé-Eier,»Stehrumchen«, auch wenn sie von Meißen oder anderen bekannten Porzellan-Manufakturen sind. Ich habe mich selbst von dieser Leidenschaft befreit, nach einem Besuch bei Frau S. Sie wohnte allein in einer großen alten Villa. Schon beim Betreten des Hauses blickt das Porzellan auf mich herab. Die große schöne alte Treppe ist mit Kaffeegedecken vollgestellt. Der Platz zum Hinaufgehen sehr schmal. Wir gehen ins Wohnzimmer. Tische, Schränke, sogar Stühle sind mit Geschirr belegt. Wo mag Frau S. ihre Mahlzeiten einnehmen? Ich lade Billa und mich zu Frau S. ein. Ich will sie von ihrer Kaffeekannen-Sammelleidenschaft heilen. Es hat wohl auch geholfen. Zumindest erst einmal.

Kurz darauf schreibe ich folgende Geschichte:

Sammeln

In den sechziger Jahren erbte Frau S. sechs böhmische Gläser. Sie stellte sie auf ein Fensterbrett im Wohnzimmer. Wunderschön sagten die Besucher. Beim nächsten Geburtstag schenkten zwei Freundinnen ein weiteres Glas. Es war rot und kostbar geschliffen. Auch dieses Glas stellte Frau S. auf das Fensterbrett. Fast täglich ging sie bewundernd am Fenster vorbei. Einmal in der Woche wusch sie die Gläser in milder Seifenlauge, trocknete sie mit einem weichen Tuch und stellte sie vorsichtig wieder auf den alten Platz.

Sie begann nun, auf Flohmärkte zu gehen und Messen zu besuchen.
Natürlich wurde sie fündig. So wuchs die Anzahl der Gläser ständig. Auch
Freunde schenkten, nicht immer edel und kostbar, aber reichlich. Ein zweites
Fensterbrett wurde mit Gläsern bestückt. Die Jahre kamen und gingen. Die
Leidenschaft hielt an.In den Neunzigern waren alle Fensterbretter mit
Gläsern belegt, freie Schrankflächen und Tische folgten. Frau S. war damit
beschäftigt, Gläser zu sammeln, zu spülen, zu polieren, zu ordnen.

Es gab auch einen Herrn S. im Haus.
Als die Gläser sogar das Treppenhaus gefüllt hatten, begann Frau S. den
Flügel des Mannes ihren »Schmuckstücken« zu belegen. Herr S., der sich
schon lange von Gläsern erdrückt fühlte und dies auch vielfach kundgetan
hatte, packte seine Sachen und zog aus. Seinen Flügel nahm er mit. Die
Gläser stellte er auf dem Fußboden ab.

Frau S. weinte viele Monate. Die Tränen flossen in die Gläser. Tränen des
Selbstmitleids landeten in den weniger kostbaren Gläsern. Tränen der Wut
bevorzugten die roten Gläser, Tränen der Verzweiflung und Selbstaufgabe
folgten. Irgendwann kamen die Tränen der Einsicht. Genug geweint, sagte
Frau S. Das Glas mit den Tränen der Einsicht stellte sie beiseite. Alle
anderen wurden geleert, gewaschen, getrocknet. Sie begann nun Gläser zu
verschenken. Manche mit Herz, andere mit einem Zwinkern im Auge,
wenige mit einem Schuss Genugtuung. Das Glas mit den Tränen der
Einsicht brachte sie Herrn S. Leider ist das Ende der Geschichte nicht
bekannt. Frau S. hat hoffentlich ihr Glück gefunden.

Am 27. April gibt es einen Höhepunkt. Frau Jahner (Politikerin und Lehrerin im Ruhestand) und ich halten einen Vortrag und diskutieren mit dem gesamten Abiturjahrgang über die »68er«. Da sitzen 80 Abiturienten und hören uns zu. Das ist für mich, die ich kein Abitur habe, ein ganz besonderes Erlebnis. Es entwickelt sich sofort eine lebhafte Diskussion. Ich bin begeistert von diesen aufmerksamen und diskussionsfreudigen jungen Menschen. Traurige Gedanken an Peter kommen hoch.

Kurz vor dem Abitur fragte ich meinen Sohn, wie er es anstelle so gute Noten zu bekommen. Ich sähe ihn nie lernen. »Mutter, ich trage den Unterricht!«, war seine Antwort. Ich war damals buchstäblich sprachlos. Das zeugte doch von einem guten Selbstbewusstsein.

Ich will den Zeitungsartikel im COURIER über diese Veranstaltung hier auszugsweise wiedergeben.

68er-Revolution: Seniorinnen erzählten von damals.
80 Alexander-von-Humboldt-Schüler diskutieren mit Dorothea Jahner und Edelgard Lessing über RAF-Gewalt und Reiter-staffeln. »Heute kann ich meine damalige Einstellung zur RAF, nicht mehr nachvollziehen«, berichtete Dorothea Jahner. Sie ist in Frankfurt aufgewachsen, dem Zentrum der Demonstrationen der 68er Generation. »Ich habe bei den Demos viel Angst vor den Reiterstaffeln gehabt und bin vor Wasserwerfern geflüchtet. Der Staat hat damals mit Terror geantwortet, das war nicht gut. Edelgard Lessing verband in ihrem Bericht über die 68er Jahre ihrem Rollenwechsel von der kochenden Ehefrau und Mutter ohne Studium, bis hin zur studierten Sozialpädagogin, die über 20

Jahre die Evangelische Familien-Bildungsstätte leitete. Im Anschluss an die Berichte entwickelte sich eine intensive Diskussion zwischen den Schülern und den beiden Referentinnen.«

Auch wenn ich die späteren Auswüchse der 68er Jahre verurteile, verdanke ich ihnen meinen Aufbruch. Aus der kaum noch drei zusammenhängende Sätze sprechenden Hausfrau wurde eine Frau, die sich traute mit so vielen Abiturienten zu diskutieren.

Im Juli entdecke ich meine Hausfrauentalente wieder und beschließe, ins Marmeladen-Geschäft einzusteigen. Ich kaufe »interessante« Gläser und Etiketten und mache mich ans Ausprobieren unterschiedlicher Marmeladensorten. Auf dem Gütchen gibt es reichlich Obst. Ich experimentiere mit Bitterschokolade, Obstbränden und besonderen Mischungen. Die Marmeladen gebe ich meinem Sohn mit, der mir verspricht, sie an seine Mitarbeiterinnen und Mitarbeiter zu verteilen, und um Rückmeldungen zu bitten. Reaktionen bleiben leider aus. In den nächsten Jahren koche ich Marmelade für den Hausgebrauch. Konfitüren-Unternehmerin werde ich leider nicht.

Während meiner Schulzeit war Geschichte für mich ein Gräuel. Kriege, Kriege, Kriege und Jahreszahlen. Jetzt entdecke ich Geschichte. Ich lese die Bücher von Klaus Kordon, Horst und ich machen eine Reise in die deutsche Geschichte »Reise zu Friedrich«. Mein Interesse wird in den nächsten Jahren wachsen, und Seminare und Reisen in die deutsche Geschichte werden folgen.

In diesen Jahren schenke ich meiner Enkelin Janne wieder eine einwöchige Reise. Wir fliegen vom 30. Oktober bis zum 3. November nach London. Nach einiger Zeit schenkt mir Anne einen bebilderten Bericht. Ich erinnere mich vor allem daran, dass ich nach der dritten Besichtigung ermattet in einen der Sessel unserer kleinen Wohnung falle, und Janne sich aufmacht in das nächste Museum.

So geht das Jahr dahin. Es sterben liebe Freundinnen. Nach Peters Tod nehmen mich diese Verluste stark mit. Ich muss mich hüten, der Traurigkeit zu viel Raum zu geben. Aber mein Buch wird im nächsten Jahr fertig werden. Ich will es zunächst ca. zehn Verlagen anbieten, von denen ich glaube, dass mein Buch in ihr Programm passt. Ich möchte mit meiner Geschichte anderen Betroffenen zeigen, wie ich meine Trauer aufgearbeitet habe. Wie die Auseinandersetzung mit meiner Herkunft und die Zuordnung meiner Biografie in gesellschaftliche, zeitliche Zusammenhänge, mir einige Fragen beantwortet haben. Als das Manuskript so weit ist, packe ich die nötigen Unterlagen, Lebenslauf, Gliederung und Auszüge aus dem Buch, in einem Umschlag. Ich gehe zur Post und schicke alles los. Nun beginnt das Warten. Schon bald kommen die ersten Absagen. Standard-Briefe. Ich höre, dass nur zwei Prozent der auf diesem Wege angebotenen Manuskripte Aussicht auf Erfolg haben. Ich bin wohl etwas größenwahnsinnig. Eine Anfängerin, die mit 74 Jahren ihr erstes Buch schreibt. Ich sitze an meinem Schreibtisch, als plötzlich das Telefon klingelt. Ein Verlagsleiter, sagt mir, dass er mich gerne kennenlernen möchte. Ich höre für einen Moment auf zu atmen. Wir machen einen Termin für die kommende Woche in einem Hamburger Hotel. Hoffnung blüht auf. Herr S. und ich sind uns auf Anhieb sympathisch. Er sagt, er habe das Buch noch nicht ganz gelesen, aber was er gelesen habe, gefalle ihm. Eine positive Entscheidung könne aber nur in der Programmrunde fallen. Er werde mich anrufen. Voll innerer Spannung, warte ich in den nächsten Tagen auf einen Anruf. Er kommt nicht. Das kann nichts Gutes bedeuten. Am 4. Juni bekomme ich eine Mail, die ich hier wiedergeben will.

Liebe Frau Lessing!

Sie warten auf eine Nachricht. Diese fällt nun leider negativ aus. Ich habe das Projekt – wie besprochen – in unserer Programmrunde vorgestellt. Es wurde dann kontrovers diskutiert. Unbestritten von allen Kollegen, ist die literarische Anlage und Qualität des Manuskripts. Bei den Fragen dann nach Kernaussagen und vor allem der Zielgruppe war es eben eine strittige Diskussion, ob und wie weit es gelingen kann, das Manuskript draussen im Handel so zu transportieren und zu platzieren, dass wir – so unsere Anforderungen – eine Startauflage von 4000 Exemplaren uns zutrauen. Nach Rücksprache mit unserer Presseabteilung ist hier die Skepsis zu groß. Deshalb werden wir nunmehr keinen Titelplatz vergeben.

Das Ihnen nach unserem persönlichen Kennenlernen in Hamburg jetzt mitteilen zu müssen, fällt mir nicht ganz leicht, es ist aber letztlich dem Gesamtentscheid der Gremien geschuldet.

Es würde mich freuen, fänden sie in einem Buchprogramm eines anderen Verlags einen Platz.

Trotz dieser Absage sehr freundliche Grüße und Wünsche – das Manuskript geht in den nächsten Tagen wieder retour an Sie auf die Post.

Thomas S. Leitung Programmbereich Sachbuch.

Mein Manuskript kommt nach einigen Tagen zurück. Eine Visitenkarte liegt bei. Eine Mitarbeiterin schreibt:

Sehr schade, dass es nicht klappt hier bei uns. Ich bin sehr beeindruckt von Ihnen und Ihrem Buch. Alles Gute.

Das ist ein kleiner Trost.
Noch gebe ich nicht auf. Es kommt ein anderer Verlag auf mich zu, und bittet um das Manuskript. Aber auch hier bekomme ich letztlich eine Absage. Ich beschließe – gemeinsam mit Alexandra – das Buch selbst drucken zu lassen. Als Denkmal für Peter und mir zum Trost.

Für die Weihnachtsfeier des ZONTA-Clubs schreibe ich eine Geschichte und kaufe 20 Schweine.

GUTE VORSÄTZE

Silvester 2018 bekam ich ein Schwein geschenkt. Es war aus Marzipan und rosa. So ein nettes Schwein konnte ich nicht aufessen, deshalb stellte ich es in meinem Zimmer gut sichtbar in ein Regal.
Mitte Januar fing das Schwein plötzlich an, mit mir zu sprechen.
»Erinnerst Du Dich an Deine guten Vorsätze für das Jahr 2018?«, fragte es. »Jaaaa«, antwortete ich zögernd, denn erst einmal musste ich verkraften, dass ein Marzipanschwein spricht.
»Vielleicht sollte ich Dich doch besser an sie erinnern?«
»Neeeiiin, jaaaa, ich weiß nicht ...«
»Wolltest Du nicht ...?«
»Du hältst jetzt Deine Schnauze«, sage ich grob.
Irgendwann Ende Januar stand ich auf der Waage und sagte leise vor mich hin: »Was zu viel ist, ist zu viel.«

»In den nächsten 14 Tagen wirst Du nicht ein einziges Stück Schokolade essen!«, befahl plötzlich eine Stimme. Es war wieder das Schwein, das da sprach. Ich dagegen war sprachlos und beschloss, die Stimme zu ignorieren.

Mitte des Jahres, ich hatte gerade neue Frühjahrskleidung gekauft, kam eine wieder eine Stimme aus dem Regal: »Heute schaffst Du es endlich!«

»Was bitte?«, fragte ich.

»Deinen Kleiderschrank, von den vielen überflüssigen alten Klamotten zu befreien.«

Zögernd betrachtete ich meine Kleiderkammer.

Im November fuhr ich zum ZEIT-Scrabble-Turnier nach Magdeburg.

»Du wirst diesmal unter den ersten zehn sein«, gab das Schwein von sich, als ich gerade ein Stück Schokolade aß. Ich verschluckte mich prompt.

Nach einem Hustenanfall gab ich schwach von mir: »Hast Du Dir mal die Rangliste angesehen?«

»Das ist die falsche Frage«, sagte das Schwein prompt.

»Ich werde es schaffen, musst Du sagen!« Das Schwein lächelt weise.

»Ich werde Dich bald aufessen, auch wenn Du nicht mehr ganz frisch bist«, sage ich und sehe gerade noch, dass das Schwein irgendwie blassrosa wird, während ich aus dem Zimmer gehe.

Natürlich ging das mit der Schokolade schief, die Klamotten hängen immer noch im Schrank und beim Turnier wurde es der 25. Platz.

Gute Vorsätze für 2020 gibt es auch wieder.

Soll ich das Schwein in diesem Jahr vielleicht doch lieber zu Wort kommen lassen?

Was ratet Ihr mir?

Na, kommt Zeit, kommt Rat. Erst einmal wünsche ich Euch, dass Ihr Eure guten Vorsätze 2020 umsetzt. Vielleicht braucht Ihr ja gar kein sprechendes Marzipanschwein.

Ich glaube nämlich, dass diese sehr selten vorkommen.

Das Jahrbuch 2013 eröffnet eine Einladung zu unserem 150. Geburtstag. Ein Bild von Horst und mir aus dem Jahr 1978, ziert die erste Seite:

Wir werden jeweils 75 Jahre. Dieses 150-Jahre Ereignis wollen wir feiern.

Rentner reisen viel. Wir tun das offensichtlich auch. Aber der Reihe nach. Silvester und Neujahr laden wir ein Ehepaar aus Rosenheim ein, die ich bei den Scrabble-Turnieren kennengelernt habe. (Merke: Aktivitäten schaffen auch in diesem Alter noch neue Freunde). Das neue Jahr läuten wir mit Scrabbeln ein.

Die Geburtstage feiern wir am 2. März in der Einfelder Schanze. Unsere Kinder, Freunde, Verwandte alle, alle kommen. 58 Frauen, Männer und Kinder. Es wird ein fröhliches Fest. Nicolas schenkt uns eine Reise nach Oslo, Opernbesuch, Festessen und andere Aktivitäten inklusive.

Anfang September fahren wir zur Goldenen Hochzeit nach Meißen. Ich stürze schwer und lädiere mir mein Gesicht. Ich bin das Monster der Feier. Ich werde immer mal wieder fallen. Meist stürze ich vom Fahrrad. Ich zwinge mich, trotzdem wieder aufzusteigen. Ich will nicht auf das Auto umsteigen. Ich schlage mir bei einem Sturz einen Vorderzahn an. Er wird schwarz. Mein Zahnarzt bemerkt nicht, dass der Zahn sich quer gespalten hat und sofort hätte ersetzt werden müssen. Dadurch entzündet sich das Zahnfleisch und es erfolgt ein Knochenschwund. Jetzt muss der Zahn in der Zahnklinik der Uni Kiel aufwendig »restauriert« werden. Ende September sind wir dann in Weimar zu einer Musiker-Familie eingeladen. Die Geschichte dieser Freundschaft will ich hier erzählen.

Manfred sitzt im Zug und liest eine Tageszeitung. Als er sie fortlegt, fragt ihn ein Mann, der ihm gegenüber sitzt, ob er die Zeitung auch lesen dürfe. Natürlich stimmt Manfred zu, und die beiden Männer kommen ins Gespräch. Klaus ist DDR-Bürger und zum ersten Mal in der Bundesrepublik. Er ist Cellist und spielt im Brandenburgischen Orchester. Auch seine Frau ist Cellistin, und die Kinder sind begabte Musikschüler. Wir haben am nächsten Tag, ein Sonntag, unser monatliches Konzert in der Musikhalle. Manfred bietet Klaus an, ihm seine Karte abzutreten, wenn er es schafft bis 10.50 Uhr an der Musikhalle zu sein. Klaus ist 10.55 noch nicht da und wir müssen nun in die Konzerthalle gehen. In der Pause treffen wir ihn plötzlich. Er war kurz nach 11.00 Uhr da, hat seine Geschichte erzählt und eine nette Angestellte, hat ihm einen Platz geschenkt. Daraus entwickelt sich eine Freundschaft. Wir erleben mit ihnen die Wende. Die Tochter ist Pianistin und lehrt zwischenzeitlich an der Weimarer Musikhochschule. Peter und Annaliese ziehen bald nach Weimar, um die Tochter, die zwei begabte Töchter hat, zu unterstützen. Nun gibt die ganze Familie in ihrer Wohnung nur für uns ein kleines Konzert. In den nächsten Tagen zeigen sie uns die Wartburg und den Thüringer Wald. Wir sind begeistert und gerührt. Die Freundschaft dauert bis heute an.

Anschließend fahren wir gleich nach Berlin zu den Kindern Sanne und Elmar. Sanne spielt in ihrer Freizeit »Improvisations-Theater« und wir nehmen an einer Veranstaltung teil. Erstaunlich, wie die Menschen auf der Bühne die Zurufe des Publikums zu Geschichten werden lassen. Wir sind begeistert.

Im Oktober ist dann wieder das Gütchen an der Reihe. Apfel-
ernte ist angesagt. Eine Pomologin erklärt uns die vielen alten
Sorten, die auf diesem Streuobsthof wachsen, und nun geern-
tet und gepresst zu Apfelsaft werden: Prinzenapfel, Rhei-
nischer Winterrambur, weißer Winterglockenapfel (lange haltbar),
Luxemburger Triumph, Pinova, Sternrenette. Eine sehr alte
Birnensorte kennt selbst sie nicht. Sie will sich kundig machen.
Dazu braucht sie eine Frucht, ein paar Blätter und einen Zweig.

Mein Buch und die Geschichte einer Gesundung

Mein Buch ist nun gedruckt und liegt vor mir auf dem Tisch.
Zum Höhepunkt des Jahres wird die Fertigstellung von
»Schattenlicht – Bilder einer Familie.«
Als Vorwort habe ich eine Aussage von Jaques Derida gewählt.

Es wird wohl stimmen, dass, wenn man schreibt, dass man stets
um Vergebung bittet.

Ich schenke das Buch unseren Familien und Freunden und bitte
um Rückmeldung. Diese sind meist positiv, aber es gibt auch
kritische Stimmen.
Nach Peters Tod habe ich mir Hilfe geholt und auch bekommen.
Letztlich haben mein Buch und die Gespräche mit der Journa-
listin mir sehr geholfen. Aber für das Buch musste ich mich
offenbaren, gnadenlos ehrlich gegen mich selbst sein. Gestern
Abend habe ich »Schattenlicht« noch einmal hervorgeholt und es
nach sechs Jahren auszugsweise gelesen. Das ging nicht ohne
Tränen. Es tut immer, auch heute noch, unendlich weh.
Gefährdet bin ich nicht. Ich habe jetzt viel über mein Buch
geschrieben, dass das Schreiben dieses Textes mir bei meiner
Trauerbewältigung geholfen hat.
Ich werde hier nur den Prolog wiedergeben und dann berichten,
wie es mir in der Zeit nach der Veröffentlichung ergangen ist.

Schattenlicht

Prolog

Wir gehen den Weg zum Bauernhof meines Sohnes hoch. Am Wegesrand wachsen zwei Eichen. Sie stehen so dicht beieinander, dass ich gerade meine Hand zwischen die beiden stecken kann. Trotzdem ragen sie aufrecht in den Himmel und geben sich gegenseitig Stütze. Erst weiter entfernt, stehen andere Bäume. Wir bleiben immer stehen, um diese beiden Eichen anzuschauen. Dabei muss ich immer an meine Eltern denken. So war das bei uns. Meine Eltern, ein Paar ineinander verwurzelt, Tag und Nacht. Den »Laden«, wie er in der Familie genannt wurde, betrieben sie gemeinsam. Eine kleine Buchhandlung mit Schreibwarenabteilung in Schloßberg in Ostpreußen nahm beide ganz in Anspruch. Bei meiner Mutter kamen noch der Haushalt, die Kinder und die Buchführung dazu. Mein Vater machte zusätzlich den Außendienst. Wir Kinder, mein Bruder Udo und ich, sind die Bäume am Rand. Unsere kleinen Hände fanden wenig Platz zwischen oder neben den Eltern. Jetzt sind Vater und Mutter schon lange tot. Mein Vater starb zuerst. Er erlag einem Herzinfarkt und ließ meine Mutter halbiert zurück. Was würde mit den Bäumen passieren, wenn eine der Eichen gefällt würde? Meine Mutter wurde 92 Jahre alt. Sie überlebte meinen Vater um viele Jahre, aber ihr Leben veränderte sich sehr. Nach dem Tod des Vaters verfiel sie langsam. Sie ging den Weg in die Demenz. Nach und nach verschwanden wir alle aus ihrem Kopf. Auch der geliebte Mann. Mit dem Bild von zwei ineinander verwurzelten Eheleuten ging ich ins Leben. Ich ging mit Anfang 20 in meine erste Ehe, aus der meine beiden Söhne stammen. Nach 21 Jahren folgte dann eine zweite Ehe. Ich begriff nur sehr langsam, dass die Ehe, so wie meine Eltern sie führten, für mich nicht möglich war. Ich erlebte viele Enttäuschungen. Ich überwand sie und begriff, wie wichtig es ist, auch ein eigenes Leben zu haben. So schien alles gut.

Tüchtig, nannten mich viele Menschen. Meine beiden Ehemänner liebten mich mal mehr, oft weniger.

Die Kinder wurden geboren, wuchsen auf, machten Abitur, studierten, wurden erfolgreiche Unternehmer.

»Das hast du gut gemacht, Edelgard«, sagte ich mir oft im Stillen.

Im Beruf war ich erfolgreich.

Am 10. Mai 2009 änderte sich alles von einer Minute auf die andere.

Ein Anruf morgens um 9 Uhr. Die Stimme meines Ältesten.

»Bitte setz dich Mutter, Peter ist tot.«

Ich konnte nicht aufhören, zu schreien.

In der Zeit danach verfiel ich in eine Schockstarre und funktionierte, wie ich es immer getan hatte.

Nur langsam begriff ich.

Er ist tot. Peter wird nie wieder, nie wieder da sein.

Schuldgefühle erdrückten mich. Schlaflose Nächte. Erinnerungen überfielen mich wie Raubtiere. Warum? Warum? Warum?

Es fanden sich Menschen, die mir helfen wollten.

Irgendwann wusste ich, ich muss mir selber helfen.

Ich begann zu schreiben, und ließ mein Leben noch einmal an mir vorbei ziehen.

Dieser Prozess zog sich über Jahre hin.

Die Trauer dauert an.

Im Dezember 2013 beginne ich damit, »Schattenlicht« an Familienmitglieder, gute Freundinnen und Freunde zu verschenken. Ich bitte sie um Rückmeldungen. Ich habe die Briefe in einer Mappe gesammelt und ein Fazit dazu geschrieben: »Ernte – Geschichte einer Gesundung«. Habe ich das damals wirklich geglaubt, so schnell den Tod von Peter zu überwinden?

Mein Buch ist sehr schwere Kost. Sie ist meine Trauerarbeit. Ich verlor meinen jüngeren Sohn, als er 44 Jahre alt war. Ich wollte – ich musste aber auch – weiterleben. Vorher hatte ich auf anderem Weg versucht, Hilfe in meiner entsetzlichen Ohnmacht zu bekommen. Nach einigen kurzfristigen Gesprächsversuchen, ansatzweise waren es wohl Therapieversuche, fing ich an zu schreiben. Einen dieser kurzfristigen Therapieversuche will ich Ihnen schildern. Eine Pastorin bot sich an. Ich ging auf ihr Angebot ein und wir vereinbarten einen ersten Termin. Sie arbeitete gestalttherapeutisch (jedenfalls deutete ich das so). Mir gefiel die Pastorin, und mir gefiel ihre Art zu arbeiten. Ich bekam auch kleine »Hausaufgaben«, die ich geflissentlich erledigte. Wie gesagt, ich war sehr hilfsbedürftig. Es folgen zwei weitere Termine, die mir sehr guttaten. Leider musste ich zwischendurch einen Termin absagen. Weshalb weiß ich nicht mehr. Es war Dezember, die Frau wollte sich wieder melden, wenn der Weihnachtstrubel überstanden wäre. Ich strickte ein paar Söckchen mit kleinen Zöpfen in weißer Wolle und packte einige meiner selbst gebackenen Plätzchen ein. Ich brachte sie der Pastorin am 23. Dezember an die Tür. Sie nahm sie selbst entgegen. Dann war Schluss. Kein Dankeschön. Vielleicht hat sie mich für eine der alten Damen gehalten, die nur noch Kekse backen und Socken stricken und damit dann Kinder, Freunde und auch Kirchengemeinden für den Basar beschenken? Zufällig begegneten mein Mann und ich ihr dann. Wir waren auf dem Weg zum Friedhof, sie war wohl auf dem Weg zu ihrer Kirche. Eine sehr peinliche Begegnung. Seit dieser Zeit meide ich diese Kirchengemeinde, meine Kirchengemeinde, nun. Ich gehe in andere Kirchen, meist nur, wenn wir auf dem Bauernhof meines Sohnes sind oder mein Mann bei einem Kirchenkonzert singt. Wir haben uns umgemeinden lassen.

Nach dieser Erfahrung begann ich zu schreiben, denn meine Not war unverändert groß. Ich schrieb, um mir selbst zu helfen, ich wollte nicht, dass Peter endgültig tot ist. Mit dem Geschriebenen sollte er lebendig bleiben, festhalten, was im Herzen, in der Erinnerung waren. Als ich weiter fortgeschritten war mit dem Schreiben, fragte ich eine Journalistin, ob sie mir helfen wolle. Sie wollte. Wir trafen uns ungefähr ein Jahr lang jede Woche an einem Vormittag. Ich redete und und weinte. Sie hörte zu, verstand mich, begleitete mich und hörte sich das in den vergangenen sieben Tagen Geschriebene an. Sie machte mir Mut. Wenn sie ging, konnte ich weiterschreiben. Hört sich einfach an. War es aber nicht. Für sie nicht und für mich nicht. Oft ging es um bisher Ungesagtes, Unerhörtes. Zwischendurch las ich auch manchmal zwei Freundinnen meine Zeilen vor.
Sie trauerten – oder lachten mit mir, ihnen gefiel meine Schreibe.
Eine der Freundinnen verwendete sich später sogar für mich bei einem weitläufig befreundeten Verleger. Irgendwann wurde das Buch fertig.

Da ich keinen Verlag gefunden habe, lasse ich es selbst drucken. Dann liegt es vor mir, mein Buch. Es sieht gut aus. Ein schwarzweißes Foto von mir als Achtzehnjährige, fotografiert von meinem ersten Mann am Blauen See in Ratingen im Schattenlicht. Ein blauer Hintergrund.

Das erste Gespräch über das Buch, habe ich mit meiner Freundin Sigrid – der ehemaligen Kollegin. »Wie vielen Menschen willst du dieses Buch schenken?« Sie überfällt mich geradezu mit dieser Frage. »Ungefähr 25« antworte ich. »Bist du verrückt, dieses Buch kannst du doch nicht 25 Menschen schenken. Du entblößt dich doch völlig! Ich jedenfalls werde es gut aufheben und niemanden zu lesen geben, obgleich es schon einige Anfragen gibt.«
Ich trage es mit Fassung. Ich kenne Sigrid. Gefühle zeigt sie nur in seltenen Augenblicken, dafür kann sie sehr deutlich werden, wenn es um Kritik geht. Daraus wird ein langes Gespräch, in dem sie mir ihre Bedenken noch einmal mitteilt.
Diese Rückmeldung bremst mich erst einmal. Sie verstärkt meine eigenen Bedenken, obgleich ich das nicht zugebe. Ich kämpfe für meine Haltung. Ich möchte ehrlich und offen sein. Authentisch. Ich hatte auch den Verleger gefragt, ob mein Buch zu offen sei. Er hatte das vehement verneint.

Am 16. Dezember kommt der erste sehr lange Brief einer Freundin. Eine Rechtsanwältin und Notarin, die mich auch einige Zeit nach Peters Tod besuchte. Damals hat sie mich mit sehr persönlichen Erfahrungen getröstet. Sie schreibt: »Am Samstag/Sonntag habe ich Dein Buch in einem Rutsch durchgelesen. Ich muss jetzt auch gleich schreiben, damit ich es wieder aus dem Kopf bekomme, denn das ganze Wochenende war geradezu gedanklich beherrscht von Deiner Familiengeschichte. Das Buch hat mich erschüttert und ergriffen ... weil es ergreifend geschrieben ist ... aber andererseits wegen Deiner mutigen, schonungslosen Selbstreflexion. Ich werde Dein Buch gut aufheben.«

Das ist der Schlusssatz dieses Briefes. Nach dem Lesen weiß ich, dass es richtig war, um eine schriftliche Rückmeldung zu bitten. Denn auch diese liebevollen Worte muss ich verkraften. Es tut so weh. Aber Stillschweigen wäre schlimmer, zu ertragen. Es ist Adventszeit. Manchmal kann ich weder Musik noch Kerzenschein ertragen. Peter fehlt mir so. Nicolas, mein Ältester ist mit seiner neuen Freundin in Indien.

Am 17. Dezember kommt ein Brief von Annemarie. Sie ist Germanistin, Mutter von vier Kindern. Dieser Brief ist mir ein sehr großer Trost. Er ist eine Mischung aus Herz und Intellekt, aus Sachverstand und Freundschaft. Sie gliedert ihren Brief in drei Bereiche: Spannung in der Gesamtanlage des Buches, literarische und gestalterische Qualität, Empfindungen, Gefühle, die das Buch bei ihr auslöste.

»Ich war so gebannt, gefesselt, dass ich kaum unterbrochen habe. ... Wir sind ja fast gleich alt, schreibt sie, d.h.. Wir haben die gleichen Jahre erlebt. Dies ‚Du musst, Du sollst‘, von dem ich mich schwer gelöst habe. Ich habe einen ganz anderen Hintergrund. Von selbst hatte ich Zugang zu Bildung, Gymnasium, Musikunterricht, selbstverständlich durfte ich studieren, alles musste ich mir nicht erkämpfen ... Ich wurde am Anfang des Buches sehr erinnert an das Buch von Ulla Hahn ‚Das verborgene Wort‘.

Ich schwankte beim Lesen zwischen emotionaler Nähe. Ich spürte gegen Ende Erleichterung, als all das Fröhliche Deines Sohnes wieder zum Vorschein kam. Zu intim? Das gehört dazu. Gute Literatur schont sich nicht, besser: Ein Mensch, der echt schreibt, kann sich nicht schonen.«

Dieser Brief einer Frau, die ich sehr mag, hat mir so gutgetan, dass ich fast auf Wolken schwebte. Liegt hier der Beginn meiner Gesundung nach so vielen Trauerjahren? Auch an dieser Stelle Annemarie: Danke. Weihnachten, Advent durfte nun sein.

Am 19. Dezember kommt der Brief eines Pastors, den ich verehre, weil ich ihn als einen der wenigen Menschen erlebe, bei dem ich überzeugt bin, dass er an Gott und Jesus Christus glaubt. Ich öffne den Brief, ich bin aufgeregt.
»Ich habe große Achtung vor der Art und Weise, wie sie Ihre Selbsterforschung konsequent sich abverlangt haben und bewundere, die Gestaltung des Buches in dem Sie das Ergebnis präsentieren. Die Zusammenstellung der unterschiedlichen Texte und die Bilder machen es leicht. Dennoch geben Sie viel von sich und ihrer(n) Familien preis, so dass ich ungewollt in die Rolle eines Voyeurs gerate. Das möchte ich nicht. Ich kann das nur ertragen, wenn ich mir vorzustellen versuche, dass es Ihnen – beraten durch andere – hilft, so schonungslos mit sich selbst umzugehen. ... Gott sei Dank, so denke ich am Schluss der Lektüre. Der Schalom, der Friede Gottes ist da, ob der von Ihnen oft zitierte Nebel bleibt oder weicht.«

Wie verschieden Menschen doch empfinden! Auch hier möchte ich danken: Natürlich geben mir Worte, wie Voyeur zu denken, aber ich bin und bleibe der Ansicht, dass nur Offenheit und Transparenz diese Welt (vielleicht) ein kleines Stückchen besser machen können. Ich möchte, »dass Du weißt, wer ich bin«. Zudem hat Peters Tod meine schöne Fassade endgültig zerstört. Ich weiß, dass Offenheit und Authentizität für wirklich gute Beziehungen unerlässlich sind.

Eine befreundete Psychologin schreibt mir noch vor Weihnachten: »So beschreibst Du in beeindruckender Weise die Puzzle-Steine Deiner Lebens- und Familiengeschichte. Beim Lesen dachte ich aber auch: Es ist eine exemplarische Geschichte, die in ähnlicher Weise für die Atmosphäre so vieler Nachkriegsfamilien steht. Die Geschlechterrollen, die die Frauen ins Nichts fallen, die Paarbeziehungen sich aushöhlen lassen, in denen ´Fassaden` errichtet werden, an denen sich alles mit großer Macht orientiert. Die ganze Gesellschaft litt letztlich darunter, für die anstehenden Aufgaben, wie materiellem Wiederaufbau und seelischer Neu-Strukturierung keine passenden Rollen-Angebote zur Verfügung stellen zu können.

Fassaden waren in meiner Familie überlebenswichtig: »Was sollen nur die Nachbarn denken«, sagte meine Mutter oft. »Du siehst aus wie eine Hure«, schrie mein Vater, weil meine Haare etwas zu weit ins Gesicht fallen. Ich könnte jetzt noch viele Beispiele über den Ton in unserer Familie aufzählen. Vielleicht habe ich deshalb im Laufe meines langen Lebens, viele Fassaden fallen lassen.

Dann ist Weihnachten. Wir fahren nach Hannover zu Horst`s Sohn Siegfried. Zu Hanne seiner Frau, zu Enkelin Janne und zum Enkel Bennie.

Ich erlebe wieder einmal Familie. Janne, fast aus dem Haus, Studentin der Geschichte und Germanistik. Bennie, Schüler auf einem Gymnasium. Eine Familie, der es gut geht, weil beide Eltern in gesicherten Positionen sind. Aber da sind Hochpubertät und Pubertät unterwegs. Kein leichtes Leben für die Eltern. Die Gefühlsschwankungen beider Kinder sind hoch. Ich genieße das Spektakel. Von außen betrachtet, erkenne ich manches wieder.

Das Geschenk, das Manfred und ich bekommen, wird zu einem der Höhepunkte des Abends. Siegfried versteht, zu schenken. Peter konnte das auch. Ich packe das Päckchen in rot-goldenem Papier aus. Ein Burger sieht mich an. Ein Burger, ein Hamburger in Plastik verpackt? Siegfried fotografiert mein verblüfftes Gesicht. Ein Hamburger? Manfred mag meine Klopse. Fast-Food essen wir nicht. Nur Mut, sagt Armin und überreicht mir ein zweites, flaches Päckchen. Manfred packt es aus.»Der Hamburger« lautet die Überschrift eines dünnen Büchleins. Aha, denke ich nun noch ein Buch mit Informationen über»Hamburger«. Vielleicht folgt ja noch ein Gutschein zum Besuch von Mac Donalds in Hamburg oder Neumünster. Originell. Natürlich folgt das dritte Päckchen. Eine Einladung zu einem Essen zu zweit in einem feinen Restaurant auf Sylt. Einfallsreicher Siegfried. Danke.

Zwei Gottesdienste folgen. Einer am Spätnachmittag mit der ganzen Familie und einer um 23 Uhr mit Hanne, der Schwiegertochter. Eine besinnliche halbe Stunde, Chor, eigenes Singen, eine Geschichte.

Am ersten Feiertag mit Frühstück und Spaziergang bin ich entspannt. Ein gutes Gespräch mit Hanne. Wir werden dann noch von ihr zum Bahnhof transportiert. Wir sehen uns am Sonnabend wieder. Ich freue mich darauf.

14 Tage Sylt. Eine Woche mit den Kindern, eine weitere Woche für Manfred und mich.

Westerland auf Sylt – 30. Dezember 2013 – 11. Januar 2014

Drei Generationen in drei Wohnungen. Wenn ich die Altersunterschiede betrachte, sind es sogar vier. Die Großeltern, 75 Jahre. Die Kinder und Schwiegerkinder 48 und 45 Jahre, 43 und 34 Jahre, die Enkelkinder 18 und 12 Jahre. Menschen mit ganz unterschiedlichen Lebensentwürfen, plötzlich für eine Woche zusammengewürfelt. Viele Menschen wünschen sich solche Tage, vor allem über Weihnachten und Sylvester. Das ganz große Familienglück!

Ich bin zwischendrin, es sind nicht meine Kinder, Schwiegerkinder und Enkel, die sich da versammelt haben. Das ist einerseits einfacher, andererseits auch schwieriger. Irgendwie gehöre ich dazu, aber auch nicht.

Den beiden Paare: Siegfried und Hanne, Elmar und Sanne habe ich mein Buch zu Weihnachten geschenkt. Meine Fragen zu »Schattenlicht« schweben ständig durch meinen Kopf.

»Habt Ihr mein Buch gelesen?«. Ich traue, mich zu fragen. Eine Schwiegertochter hat angefangen. Spannend, sagt sie. Auch zwei Tage später noch einmal: »Ich bin so spät, weil ich mich gar nicht von deinem Buch trennen konnte.«

Hört sich für mich tröstend an. Ich bitte um schriftliche Rückmeldung. »Da muss ich mir Notizen machen«, ist die

Antwort. Sie ist eine, die die Dinge ernst nimmt, beruflich eine Frau in Leitungsfunktion. Silvester kommt es zum Eklat zwischen Elmar und Bennie. Also zwischen Onkel und Neffe. Natürlich sind wir alle betroffen. Bennie drückt sich gerne und kann nicht »Danke« sagen. Er hat den Drachen – das Geschenk von Elmar – kaum wahrgenommen. Aber dann gibt es ein gutes Gespräch zwischen Elmar und Hanne. Der Sohn zeigt Größe und entschuldigt sich. Manfred und ich haben Magenschmerzen. »Wie soll das weitergehen?« Aber es geht. Deutlich bleibt, Familie mit zwei pubertierenden Kindern ist ein sehr schwieriges Unterfangen.

Wie haben Fanny und ich das gemacht? Aber als Nicolas 16 Jahre und Peter 11 Jahre alt waren, habe ich die Familie getrennt. Ich erinnere mich genau. Ich war so verliebt, dass mein Verstand wohl völlig ausgeschaltet war. Sonst gibt mein Nebel wenig her. Ich habe die Erlebnisse der sechsjährigen Edelgard weitgehend verdrängt. Ich nenne das: »Sie sind im Nebel verschwunden.« Dann reisen die beiden Familien ab. Eine Woche für Manfred und mich allein. Wir freuen uns. Irgendwann ist die Woche vorbei, sie war entspannt und liebevoll. Jetzt warte und hoffe ich auf weitere Rückmeldungen zu meinem Buch.

Wieder in Neumünster, Januar 2014

Erst einmal auspacken, einräumen und Wäsche, Wäsche, Wäsche.
14 Tage in Ferienwohnungen sind aufwändig. Dann gehe ich nach
oben in mein Arbeitszimmer und öffne vier Briefe.

Wie fröhlich bin ich aufgewacht,
wie hab ich geschlafen, so sanft die Nacht.
hab`Dank Gottvater im Himmel mein,
dass Du hast wollen bei mir sein.

Mit diesem Kindergebet bin ich heute Morgen aufgewacht.
Wobei das mit dem Schlafen funktioniert höchstens für vier-fünf
Stunden pro Nacht, wenn überhaupt.
Aber fröhlich, froh, stimmt schon.
Gestern traf sich die Scrabble-Gruppe im Seniorenbüro. Das
erste Mal in diesem Jahr. Wir treffen uns zweimal im Monat.
Lauter vertraute Gesichter und heute ein Neues.
Es ist immer anstrengend, jemandem, der nicht mehr so jung ist,
Scrabble neu beizubringen. Da gibt es viele Hürden. Für Brigitte
war das sinnvolle Anlegen der Wörter, die sie schnell fand, die
Hürde. Beim Scrabble geht es darum, aus sieben Buchstaben
sinnvolle Wörter zu formen, sie dann so anzulegen, dass ein oder
mehrere neue Wörter entstehen.

Bei dieser Gelegenheit habe ich ein längeres Gespräch mit der
Leiterin über die Literaturgruppe, die im am Freitag starte. Es hat
sich deutlich etwas verändert in unserem Gesprächsverhalten
miteinander. Es ist entspannt und es wird viel gelacht. Eine Folge
meines Buches?

Zum fünfjährigen Bestehen der Scrabble-Gruppe sponsert das Seniorenbüro Kaffee und Kuchen. Hier wird den Ehrenamtlichen mit Wertschätzung, Herzlichkeit und Anerkennung begegnet. Leider ist das in Kirchengemeinden meist anders. Da ist Ehrenamt wohl selbstverständlich.

Sonnabend, 18. Januar 2014

Draußen ist es grau in grau, 6 Grad. Äste ragen kahl, wie mahnende Finger in den Himmel, die Bürgersteige glänzen vom Regen. Die Morgengymnastik habe ich verschlampt. Ich denke an gestern Nachmittag, an den Literaturkreis im Seniorenbüro. Er traf sich zum ersten Mal.
Zehn Frauen in meinem Alter. Sie kennen sich alle gut. Ich bin die Einzige, die nicht, (noch nicht, wenn überhaupt?) dazugehört. Küsschen rechts, Küsschen links, munteres Durcheinanderreden. Was das wohl werden wird? Kleine Vorstellungsrunde. Viele lesen seit ihrer Kindheit, auch unter der Bettdecke. »Siehst du«, sagen Vater und Mutter, »davon hast du deine schlechten Augen.« Kenne ich auch gut. Immerhin eine Gemeinsamkeit.
Biografien werden gelesen. Meine Vorgängerin, in diesem schon seit Jahren bestehenden Lesekreis, hat bei jedem Treffen einen Vortrag über Klassiker gehalten. Ein Jahr lang Thomas Mann. Ich mache deutlich, dass das bei mir so nichts werden wird. Ich erbitte ihre Wünsche zur Gestaltung dieser Nachmittage. Ich versuche, die Bedingungen zu klären. Kaffee, Tee? Ja, nein, ja, nein. Bücher kaufen? Ausleihen? Sich auf ein Buch für eine bestimmte Zeit festlegen? Ausleihen in der Stadtbücherei? Nichts scheint zu gehen. Gar nichts. Kaufen, nein geht nicht, Frau hat schon genug Bücher. Ausleihen in der Stadtbücherei? Geht auch

nicht. Frau bekommt das gewünschte Buch sowieso nicht und wenn überhaupt nur eine, aber bestimmt nicht zehn Frauen. Auf ein Buch festlegen und es dann in vier Wochen lesen. Das geht gar nicht. Auch 100 Seiten nicht, nein, sich so festzulegen, dass macht doch keine Freude. Gar nicht. Vielleicht »Short Stories?«, wie die von Alice Munro? Nein, ja, ja, nein.

Na, schließlich bin ich Profi, durch nichts zu erschüttern. »Sie sind mir ja so sympathisch«, sagt eine, aber … Das klingt richtig bedauernd.

Ich lege einige Bücher auf den Tisch. Natürlich die neue Nobelpreisträgerin Alice Munro. »Zu viel Glück!« Joachim Meyerhoff: »Wann wird es endlich wieder, wie es nie war?« Goethe, die neue Biografie von Safranski. Fethiye Catin: »Meine Großmutter«. Auch Marlen Haushofer: »Die Mansarde«. Das Kultbuch unserer Generation. Dicke Bücher, dünne Bücher, viele Seiten, wenig Seiten, leichte Kost, schwere Kost, Kurzge-schichten. Zu jedem Buch sage ich ein paar Sätze.

Dann wünscht sich die Mehrheit Joachim Meyerhoff. »Ist ja schließlich ein Schleswig-Holsteiner.« Aber bloß nicht kaufen. Mal sehen wie das geht, denke ich. »Dann lesen wir mal«, sage ich. Ich beginne vorzulesen, reiche das Buch weiter. Die Nächste liest und so weiter.

Ich sehe auf die Uhr. Knapp eine Stunde ist vergangen. Ach ja, ich habe nicht geklärt, wie lange so ein Nachmittag gehen soll. Anderthalb oder zwei Stunden? Ich bin wohl doch kein Profi mehr. 90 Minuten entscheidet eine Frau. Widerworte nicht zu-gelassen. Sie verhallen leise im Raum. Anderthalb Stunden also. Zehn Minuten vor der Zeit beende ich das Vorlesen. Allen scheint das Buch zu gefallen. Also werden wir jedes Mal weiterlesen. Ich biete an, Bücher bei mir auszuleihen.

Eine möchte gerne die Munro, eine andere den Meyerhoff mitnehmen. Andere wollen beim nächsten Treffen eine Kanne Kaffee oder Tee mitbringen. Eine Frau, sie blickte stets ernst und hatte oft Einwände, will nun Kekse backen. »After-Eight-Kekse, kennen Sie die?«»Nein, kenne ich nicht.« Eine streichelt meine Hand. Na bitte, der Lesekreis kann starten. Zufrieden steige ich auf mein Fahrrad und fahre nach Hause. Eine will ein Schwein mitbringen, ein Sparschwein, damit jede einen Euro einstecken kann. Den Inhalt des Schweins wollen wir dann irgendwann »verspeisen«. Einige der Teilnehmerinnen werden in den nächsten Monaten nicht mehr wiederkommen, dafür kommen neue dazu. Die Gruppe besteht auch heute noch.

Sonntag, 19. Januar

Ein Sonntagskonzert-Sonntag in der Laiez-Halle in Hamburg. Nach Peters Tod weinte ich fast immer. Diesmal dirigiert Hengelbrock Richard Strauß: Don Quixote. Fantastische Variationen über ein Thema ritterlichen Glaubens wurde vom NDR-Sinfonie-Orchester meisterlich gespielt. Es ist erstaunlich, den Kampf gegen Windmühlenflügel, den Ritt durch die Luft oder den Tod von Don Quixote, erlebe ich fast bildhaft mit. Ich beschließe, Cervantes noch einmal zu lesen. Keine Tränen mehr. Ich bin ganz bei der Musik. Bei Roussel höre ich die Ameisen, die Schmetterlinge und die Eintagsfliege. Bei ihrem Tod im Spinnennetz leide ich förmlich mit. Dabei habe ich auch schon oft eine lästige Fliege erschlagen. Danach gegen wir zum Italiener essen.

Die Stimmung zwischen uns ist gut. Der Sonntag wird zu einem kleinen Fest.

Montag, 20 Januar 2014

Heute Nacht zog Nebel durch meine Träume. Mitten im Nebel stand plötzlich Peter, der mich ansah. »Wie konnte Dir etwas so Unwiederbringliches passieren?«, frage ich. Peter entschwindet langsam aus meinem Blickfeld. Ich stehe allein auf einer großen Wiese. Der Nebel wabert, feucht und kalt. Diese Szene wiederholt sich mehrere Male. Gequält wache ich auf. Nach so einem schönen Tag, so eine schwierige Nacht. Ich frage mich, wo das plötzlich herkommt.

Heute ist eine Mail gekommen. Vom Ehemann meiner toten Freundin Birgit. Er ist Gnadenbevollmächtigter eines Bundeslandes, die letzte Instanz vor dem Ministerpräsidenten. Er kann »Gnade vor Recht« erteilen. Ein Staatsanwalt, ein Ankläger. Er schreibt: »Ich habe angefangen, Dein Buch zu lesen. Harte Kost. Ich werde in den nächsten Tagen weiterlesen. Ich weiß allerdings nicht, was Du Dir für einer Reaktion erwartest. Solltest Du auf einen Schuldspruch warten, so muss ich Dich enttäuschen. Ich kenne Dich. Einen Schuldspruch bekommst Du von mir nicht. Sie sehe da keine Schuld.«

Gestern ein Telefonat mit meinem Sohn Nicolas. Ich hatte angerufen, er hat zurückgerufen. Er erzählt von Indien, Buenos Aires. Er hat Tango-Tanzen gelernt. Ich staune. Mein Buch hat er zur Hälfte gelesen. Nach Ostern werden wir darüber reden. Das Gespräch wird nie stattfinden. Es wiegt zu schwer.

Dienstag, 21. Januar

Der Tag beginnt mit einem Frühstück im »Klatschpalais«. Danach machen Manfred und ich getrennt Besorgungen. Vor Weihnachten hatte ich »meiner« Buchhändlerin »Schattenlicht« geschenkt. Ihr vertraue ich. Von einer Frau vom Fach, die täglich Bücher liest, einkauft, beurteilt und ordert, wollte ich unbedingt etwas zu meinem Buch hören. Beklommen gehe ich in den Laden. Sie steht mit einer Kollegin am PC. Sie sieht mich, lächelt und eilt mir entgegen.

»Setzen wir uns doch«, sagt sie und führt mich in einer Sitzecke. »Wissen Sie« sagt sie. »Es ist immer schwierig, wenn ich von Kunden etwas Selbstgeschriebenes bekomme. Bei guten Kunden ist kaum eine ehrliche Rückmeldung möglich. Ihr Buch habe ich an den Weihnachtstagen gelesen. Ich konnte nicht aufhören. Es ist ein wunderbares Buch. Literatur. Es ist berührend, mutig und ihr Schreibstil gefällt mir besonders. Meine Beziehung zu Ihnen hat sich dadurch, dass ich Ihr Buch lesen durfte, sehr verändert.« Ihre Worte berühren mich sehr.

Ich gehe in einen Laden gegenüber der Buchhandlung. Er gehört einer ZONTA-Freundin. Ich habe versprochen, ihr mein Buch zu schenken. Das tue ich. Sie schenkt mir ein paar weiße Wollhandschuhe mit Glitzersteinen. Ich habe meine gerade verloren und nun muss ich mit dem Fahrrad wieder zurück nach Hause. Es ist kalt draußen und es schneit. Auf dem Hinweg bin ich von Fahrrad gefallen, ich wich einem jungen Paar mit einem Kind zwischen sich aus. Mein Rad wollte das nicht mitmachen. Es rutschte weg. Ich fiel auf die Hüfte, die operiert werden soll. Es schmerzt noch. Aber allzu schlimm scheint es nicht zu sein. Meine Hände jedenfalls werden von den geschenkten Handschuhen warmgehalten.

Mittwoch, 22. Januar 2014

Den heutigen Nachmittag habe ich bei einer alten Freundin verbracht. Anna ist 86 Jahre alt. Die beliebte und sehr kompetente Kursleiterin der Evangelischen Familien-Bildungsstätte war viele Jahre in der Gesundheitsförderung tätig. Ihre Gruppen liefen über. Anna hat ihre Ausbildung in Loheland gemacht. Diese besondere Bildungseinrichtung ist anthroposophisch ausgerichtet. Davon erzählt sie gerne, und darauf ist sie stolz. Wir beide kennen und mögen uns. Wir haben viele Jahre Fastenwochen in der Holsteinischen Schweiz und an der Nordsee gemeinsam geleitet. Wir sind uns vertraut. Ich besuche sie gerne, wenigstens einmal im Monat. Sie war eine der ersten, der ich mein Buch geschenkt habe. »Seit meiner Jugend habe ich viele Biografien gelesen. Deine ist die Ehrlichste, die ich je gelesen habe. Hüte sie gut.«, sagt sie mir. »Ich wollte Dir so gerne schreiben, aber meine Hand macht nicht mit.«
Sie hat nach langer Zeit zum ersten Mal wieder einen Apfelkuchen gebacken. Für mich. Danach beginnt sie gleich mit einer sehr langen Geschichte über ihre Nachbarn. Vater, 92 Jahre, und Sohn wohnen im Haus nebenan zusammen. »Das scheint mir eine schwierige Konstellation zu sein«, sage ich. Offensichtlich ist der Sohn ein Messie, jedenfalls ein Sammler. Drei Schrottautos, wie Anna sie nennt, stellt er abwechselnd vor die Häuser der Nachbarn. Er hat einen Schornstein mit Extra-Schlot eingebaut, in dem er alles Mögliche verbrennt. Lackiertes Holz, Plastik und

anderes. »Es stinkt dann in meinem ganzen Haus erbärmlich.« Als die Nachbarschaft drohte, ihn anzuzeigen, hat er angefangen, die Sachen erst nach 22 Uhr zu verbrennen.

Plötzlich springt sie auf, sagt: »Komm mal mit.« Es geht vor die Haustür, es ist feucht und stellenweise auch glatt. Einen Mantel haben wir nicht angezogen, aber das muss jetzt sein. Es geht über die Vorgarten-Wiese, die Autoauffahrt hinauf bis an die Garagentür. Ich fühle mich, wie Miss Marples Assistentin auf Verbrecherjagd. Nun deutet sie missbilligend, auf die meterhohe Hecke, drückt mit erstaunlicher Kraft die Zweige der Hecke auseinander und sagt: »Nun schau mal!« Es ist schon dunkel, aber ich erkenne trotzdem Plastiksäcke, hoch aufgetürmt. »Das geht so den gesamten Gartenzaun entlang«, sagt sie. »Und der Rasen ist überall verbrannt. Kein Wunder, dass der Hund seine Haufen in meinen Garten legt. In dem Garten würde ich auch nicht gerne …« Wahrhaftig, ein Sammler! Mir fallen sofort Ratten ein. Aber das sage ich erst einmal nicht. Ich kann ihr gut zuhören, weil sie munter und witzig erzählen kann. In Gruppen hat sie immer dafür gesorgt, dass auch die Bauchmuskeln sich vom vielen Lachen heftig bewegten. Aber jetzt ist sie sehr aufgeregt. Das ist nun eine Zwickmühle für mich. Was soll ich da sagen, wenn sie bei ihren Kindern klagt, reden sie sofort über das angenehme Wohnen in einer Seniorenresidenz. Das aber will sie auf keinen Fall. Es stellt sich heraus, dass sie schon mit allen möglichen Menschen geredet hat, der Nachbarin gegenüber, dem Schornsteinfeger, dem Gärtner, Handwerkern und ihrem Hausarzt. So recht wusste keiner zu helfen. Nachbarn anschwärzen beim Ordnungsamt, will sie auch nicht. Nun ja, da bin ich auch am Ende meines Lateins. Dann sage ich es doch: »Wenn Ratten auftauchen, musst Du das Ordnungsamt anrufen.«

Zwischendurch führt sie mir noch vor, wie sie im Storchengang die Treppe zu ihrem Schlafzimmer hochgeht. Mir wird angst und bange. »Ist das nicht etwas gefährlich?« »Ja, das finden die Kinder auch.« Der Sohn hat die Getränkekiste schon in den Flur gestellt, damit sie nicht auch noch die Kellertreppe erklimmt.

So wird es ein Nachmittag, der sehr schnell vergeht, ganz abgesehen davon, dass ich zwei Stücke Kuchen essen muss. Mein Bauch gleicht einer kleinen Trommel und in meinem Kopf schwirrt irgendwelches Ungeziefer.

Sonnabend, 25. Januar 2014

Wir sind gerade von einem Besuch bei guten Freunden zurück. Zu Fuß. 25 Minuten hin und 25 Minuten zurück. 9 Grad und ein eisiger Wind. Ich habe einem befreundeten Ehepaar, Karsten und Ulrike, mein Buch geschenkt. Das war diesmal nicht so leicht. Gestern habe ich mündlich Rückmeldungen bekommen, die weh taten. Zum ersten Mal richtig weh taten. »Ein solches Buch darf man nicht öffentlich machen. Niemals!« Das ist eine Rückmeldung, die ich ja schon von anderen bekommen hatte, aber diese ist anders. Ich empfinde sie nicht nur schroff, sondern fast böse. Der Schmerz, den die Reaktion dieser guten Freundin auslöst, ist nachhaltig und er bewegt mich den ganzen Abend. Auch heute ist er noch da.

Sie hat mir einen Brief geschrieben. Ich habe ihn nicht geöffnet. Irgendwann werde ich es sicher können. Ich habe von Schulz von Thun und seinem Buch »Miteinander Reden« viel gelernt. Er hat ein Modell mit vier Ohren entwickelt. Besser ausgedrückt. Er hat jeder Nachricht zwischen Sender und Empfänger vier Seiten zugeordnet. Er nennt sie: Sachverhalt, Beziehung, Appell und Selbstoffenbarung. Warum also hat mich diese Rückmeldung so getroffen? Der Sachverhalt ist klar: Hannelore ist mein Buch viel zu offen, sie würde es nicht an andere weitergeben. Der Appell meint: Nun hör bloß auf, es noch mehr zu verschenken! Bei Selbstoffenbarung und Beziehung ist das schon viel komplizierter. Warum war sie so schroff und warum tat mir das so weh? Was sagt mir diese Schroffheit über Hannelore, wenn ich mein Selbstoffenbarungsohr einschalte, und was sagt mir mein Beziehungsohr, wenn ich meine so tiefe Verletzung anschaue? Ich kann die Fragen, die ich habe nicht (noch nicht?) beantworten. Sie will mein Buch noch einmal lesen.

Sonntag, 26. Januar 2014

»Soll ich dir einen Löffel mit gehacktem Knoblauch ans Bett bringen?«, fragt Manfred heute Morgen unvermittelt. Wir fangen beide an, zu lachen. Horst kennt die Geschichte. Mein Großvater brachte meiner Großmutter jeden Morgen einen Teelöffel Knoblauch ans Bett. Da ich viele Wochenenden als Kind zwischen 12 und 15 Jahren bei meinen Großeltern in ihrem Einzimmer-Kneipenraum verbrachte, erlebte ich dieses Ritual jeden Tag. Der Knoblauch war wohl Ausdruck seiner großen Liebe zu dieser Frau, meiner Großmutter. Knoblauch ist gesund, und sie sollte gesund bleiben.

»Du machst jeden Morgen das Frühstück«, sage ich. »Das reicht.«

Ein Wohlfühlmorgen, 11 Grad und matter Sonnenschein. Wir werden gleich zum »Philosophischen Stammtisch« in die

Volkshochschule fahren. Ich begleite Manfred zum ersten Mal dorthin. Premiere also. Philosophie und Literatur ist das Thema. Viele kluge Menschen, die viel wissen, sind anwesend. Eine kleine Frau meldet sich ständig, aber sie kommt nicht dran. Mein »Emanzenherz« schlägt heftig. Aber ich bin hier nicht die Leitung. Ich muss Zurückhaltung üben. Ist beim ersten Mal sowieso angesagt.

Am Nachmittag ruft Elmar, Horsts jüngerer Sohn an. Er hat mein Buch gelesen und mir dann seine Rückmeldung gegeben. Erst einmal findet er, dass es trotz aller Tragik, sehr gut zu lesen ist. Elmar und ich führen ein sehr angenehmes Gespräch. Mit Nicolas ist das nicht so leichtfüßig.

Jetzt kann ich auch den Brief von Hannelore öffnen. Ich werde den Brief jetzt fast wörtlich wiedergeben. Ich habe wohl doch zu sehr auf mich (Beziehungsohr) geschaut. Da habe ich überempfindlich reagiert.

»Ich danke Dir, dass ich Dein sehr persönliches Buch lesen durfte, es hat mich sehr berührt. Auf den ersten Seiten kannte ich Dich noch nicht, diese Edelgard war mir fremd, denn ich kenne die Erfolgsfrau, die viel Ruhe ausstrahlt und lebensfroh sowie lebensbejahend wirkt. In Deinem Buch wirkst Du gehetzt, auch in dem Anfangsteil. Nun weiß ich natürlich, dass das hintereinander kurzer Sätze diese Unruhe bewirkt. Ich vermute aber, dass Du diese Technik nicht bewusst eingesetzt hast, sondern Dein Lebensmittelpunkt seit Peters Tod so aus den Fugen geraten ist, dass Du getrieben bist, von der Suche nach Antworten. Deine Sprache zeigt dies unbewusst zum Teil deutlicher als die Inhalte. Für mich ist es nicht Peters Biografie, sondern Deine. Du lässt es noch nicht zu, Dich gedanklich intensiv auf ihn einzulassen. Du streifst von Erinnerung zu Erinnerung. Der Schmerz scheint noch zu groß, Du weichst immer wieder auf Deine Eindrücke und Gefühle aus, bist in Verteidigungshaltung. ...Ich hoffe, dass Dein Nebel sich weiter lichten wird und Du Dich an viele schöne Momente mit ihm zurückerinnern kannst. Hab Dich lieb. Deine ...

Ich lese den Brief einmal und noch einmal. Ich weiß natürlich, wie missverständlich Kommunikation sein kann. Was der Sender sagt und der Empfänger dann daraus macht, das sind oft zwei paar Schuhe. Mir fällt mein Traum wieder ein. Ich frage immer noch »warum«. Meine Trauer war auch immer von Schuldgefühlen begleitet. Was für eine Mutter war ich? Danke für diesen Brief.

Montag, 27. Januar 2014

In Gedanken schreibe ich vor dem Einschlafen, aber vor allem morgens nach dem Aufwachen weiter. Leider gehe ich dann nicht gleich an meinen Laptop. Ich will erst den nächsten Brief abwarten. Der Briefträger kommt immer gegen 9.30 Uhr. Danach habe ich dann vergessen, was ich schreiben wollte. Ich muss beginnen, mir rechtzeitig Notizen zu machen. Es ist fast wie zu Zeiten meiner ersten Liebe, der Liebe zu Fanny. Da wartete ich fast täglich auf Post. Meist kam auch ein Brief. Die Sammlung dieser vielen Briefe liegt wohl verwahrt in einer Pappschachtel. Janne, die Enkelin ruft an. Sie zieht gerade von zu Hause aus. Nebenbei erzählte sie, dass ihre Mutter, meine Schwiegertochter, ihren Brief an mich fertig geschrieben habe. »Ich werde Dein Buch jetzt in den Semesterferien lesen«, teilt Janne mir mit.

Ich lese gerade ein Buch von Elisabeth Tova Bailey: »Das Geräusch einer Schnecke beim Essen«.

Gleich zu Anfang finde ich folgenden Text.

... ich möchte Sie bitten zu versuchen, die Fragen selbst lieb zuhaben, wie verschlossene Stuben und wie Bücher, die in einer sehr fremden Sprache geschrieben sind. Forschen Sie jetzt nicht nach den Antworten, die Ihnen nicht gegeben werden können, weil Sie sie nicht leben könnten. Und es handelt sich darum, alles zu leben. Leben Sie jetzt die Fragen.

Rainer Maria Rilke, Briefe an einen jungen Dichter, 1903

Ich stelle mir vor, ich säße in der Schule und müsste eine Interpretation zu diesem Text schreiben. Was würde ich schreiben? Die letzten Jahre waren für mich Jahre des Fragens. Warum musste Peter so früh sterben? Was habe ich falsch gemacht? War ich eine schlechte Mutter? »Forschen Sie jetzt nicht nach Antworten, die Ihnen nicht gegeben werden können, weil sie sie nicht leben könnten.« Ein Text für einen jungen Dichter geschrieben. Für mich können nicht nur »jetzt« keine Antworten gegeben werden, ich werde die Antwort nie bekommen. Es gibt sie nicht. So habe ich jetzt damit begonnen, die Fragen einzustellen, obgleich sie mich besonders am frühen Morgen nach dem Aufwachen immer wieder einschleichen. Trauer darf und muss gelebt werden, um zu gesunden. Ich übe mich darin, sie durch den Blick auf den Tag, der vor mir liegt, zu ersetzen. Die Fragen leben? Achtsam, liebevoll, offen, wertschätzend, großzügig zu sein, das ist es, was ich versuche zu leben.

7. Februar 2014

Heute bin ich 76 Jahre alt geworden. Ein Brief lag nicht im Brief-
kasten, dafür gab es viele schöne Telefonate und ein paar Mails.
In den Telefonaten brachten meine Gesprächsteilnehmer mein
Buch selbst zur Sprache. Jens, mein kluger Großneffe, erzählte
erst einmal davon, dass er auf einer Musikfortbildung seiner
Schule gewesen sei. Er habe im Schulorchester sein Cello gespielt
und auch bei den Chorstücken mitgesungen. Die Schüler üben
ein Musical ein. Dann kam es ganz spontan: »Ich lese gerade
Dein Buch, es ist sehr spannend.« Mir fiel fast der Hörer aus der
Hand. »Wirklich?«, frage ich. Jens ist elf Jahre alt. »Ich gebe Dir
jetzt mal Papa«, folgt dann. Sein Vater hat das Buch noch nicht
gelesen. Wir führen ein angenehmes kleines Gespräch. Karin,
meine Nichte kommt anschließend an die Reihe. »Dein Buch liegt
im Wohnzimmer auf dem Tisch. Jens hat danach gegriffen und
jetzt liest er es ausdauernd, so dass ich noch nicht dazu gekommen bin, es zu Ende zu lesen.« Jens wird wohl mein jüngster
Leser werden. Er will mir einen Brief schreiben. Ich staune.
Bei meinen Geschlechtsgenossinnen, gleich welcher Generation,
kommen stets ähnliche Rückmeldungen: Erinnerungen kommen
hoch, an die eigene Kindheit, an Jugend und erstes Erwachsenen-
alter, an Ehe und Kinder. Jede findet sich wieder. Irgendwann,
irgendwo habe ich mal gelesen, dass ein gutes Buch ausmacht,
dass man sich wiederfindet, und sei es in einem Satz, einem
Absatz.

9. Februar 2014

Nach dem üppigen Königsberger Klopse-Essen gestern Mittag
bei den Ostpreußen und Schlesiern, der enttäuschenden
Theatervorstellung »Der letzte Vorhang« mit Suzanne von
Borsody und Guntbert Warns, gestern Abend – wir gingen in der
Pause – hatte ich wenig Lust, den Sonntagnachmittag bei einer
Familie zu verbringen, die vor 13 Jahren aus Rumänien nach
Deutschland gekommen ist. Horst hatte versprochen, einen
Diavortrag über Usbekistan zu zeigen. Er hat Ende der 90er Jahre
für zwei Jahre dort für die EU gearbeitet. Unsere Gastgeber
wurden in Kasachstan geboren, deshalb waren die Dias für sie
von besonderem Interesse. Der Nachmittag verlief dann wider
Erwarten sehr interessant. Da hatten sich fünf Menschen, zwei
Paare und der Vater der beiden jungen Männer, versammelt. Die
Söhne waren mit sieben und neun Jahren nach Deutschland
gekommen, eine der jungen Frauen mit 13 Jahren aus Sibirien
eingewandert und die andere hatte schlesisch-ostpreußische
Vorfahren.

Die jungen Leute sprachen einwandfreies Deutsch. Einer der
jungen Männer studiert Ingenieurwissenschaften, einer hat die
Ausbildung zum Landschaftsgärtner abgeschlossen. Auch die
beiden jungen Frauen hatten feste Anstellungen und bildeten sich
in der Freizeit eifrig fort. Ich staune. Wie lernt man, wenn man
erst mit 13 Jahren aus Sibirien einwandert, fließend Deutsch,
macht einen guten Schulabschluss und redet selbstbewusst und
orientiert mit? Der jungen Frau hat man die Ausbildung zur
Erzieherin verweigert, weil der Notendurchschnitt nicht reichte.
Ihre Vergangenheit interessierte nicht, nur das Zeugnis war
wichtig, ein Lebenslauf nicht nötig. So, wie ich sie erlebt habe,

wäre sie für den Beruf besonders geeignet. Zudem spricht sie neben Deutsch natürlich fließend Russisch. Das könnte für Elternarbeit von großen Wert sein. Wie dumm dürfen Verantwortliche eigentlich sein?

So verkauft sie nun Klamotten. Damit ist sie schlicht unterfordert. Wir tauschen Erinnerungen und Erfahrungen aus. Sie zeigt auch Bilder ihres Heimatdorfes. Ich merke, die Heimat fehlt ihr. Wir alle, die wir hier sitzen, haben bittere Erfahrungen als „fremde Kinder" in der Schule gemacht. Wir sprachen anders, sahen zum Teil auch anders aus. Ich denke an die vielen Anstrengungen, die ich unternommen habe, um anerkannt zu werden.

Mein: »Du musst besser sein, als die anderen!«, gilt wohl auch für diese jungen Menschen. Ich finde viele Parallelen. Integration kann offensichtlich nur gelingen durch ganz besondere Anstrengungen und mit viel Arbeit an sich selbst, damit das eigene »Ich« nicht zerbricht.

Das junge Paar hat – wie auch ihre Eltern – schon ein eigenes Haus. Neben der Lehre ging es abends noch einmal in die Schule – von morgens 8 bis abends 22.30 Uhr – dauerte der Arbeitstag. Ihr Haus haben die beiden jungen Leute wunderschön eingerichtet. Sparsam, fast puristisch. Sehr beeindruckt, nachdenklich, froh und traurig zugleich, fahre ich nach Hause. In Neumünster treffe ich in der Innenstadt täglich viele Gruppen von jungen Menschen aller Nationalitäten, aller Hautfarben, anderer Sprachen, anderer Mentalitäten. Wie soll, kann Integration da gelingen?

10. Februar 2014

Heute kam eine verspätete Geburtstagskarte. Auch eine Reaktion auf mein Buch. Eine sehr entfernte Großkusine. Bei ihrer Mutter – Tante Lenchen – habe ich als Kind schöne Ferientage verbracht. Sie war damals schon aus dem Haus.

»Ein Sonnenstrahl reicht hin, um viel Dunkel zu erhellen.«
(Franz von Assisi)

Innen noch ein vorgegebener Text. Es gibt auch Predigten, in denen der Pastor fremde Texte und Gedichte aneinanderreiht. Mag sein, dass manche Menschen in diesen Texten Trost und Hilfe finden, bei mir ist das eher selten. Oft ärgere ich mich einfach.

Ich ärgere mich auch über Geburtstags-, Weihnachts- und sonstige Grüße, die nur Floskeln enthalten. »Lass es lieber«, möchte ich dann sagen. »Erzähl mir etwas über Dich, was Dich bewegt, was Du machst, wie es Dir geht. Dann hat der Gruß einen Sinn.« Ich weiß ja, dass es in unserer Sprache nur wenig Worte gibt, um Gefühle auszudrücken, dass es schwer ist, über sich selbst zu reden, vor allem wenn es nicht mehr so viel Gutes und Schönes zu berichten gibt. Ich versuche, zu verstehen, wie solche »Grüße« zustande kommen. Aber ...

Ich will es als: »Ich habe an Dich gedacht, nehmen.«

11. Februar 2014

Ein langer E-Brief erreicht mich. Ein Redakteur der ZEIT hat ihn geschrieben. Beim ZEIT-Scrabble-Turnier hatte ich ihm mein Buch geschenkt.

»Liebe Edelgard, Du weißt ja, dass ich von Zeit zu Zeit ... Schreibseminare
gebe, auch zu autobiografischem Schreiben. Insofern hat es mich besonders
interessiert, wie Du dieses unglaublich schwierige Thema anpackst. Und ich
kann Dir jetzt nicht viel mehr sagen als: Ich bin beeindruckt und bewegt.
... Du bist mit Dir selbst und den anderen handelnden Personen
schonungslos umgegangen. Und jetzt, wo ich das Buch wieder weggelegt habe,
stellen sich mir vor allem Fragen: Wie sind denn die betroffenen Personen mit
dem Buch umgegangen? Hast Du es Ihnen überhaupt gegeben? ...
Zwischendurch hatte ich auch mal das Gefühl, dass Du vielleicht zu hart
warst und mit Dir selbst zu schonungslos. Auch wenn sich das genetisch mit
einem alpinen Sturschädel (er ist Österreicher und ich habe Salzburger
Vorfahren) und preußischer Disziplin erklären ließe. Wie dem auch sei, ich
kann dieses Buch nicht einfach kommentieren. Und mit stilistischen Dingen
will ich gleich gar nicht anfangen. Deine lakonische, knappe Sprache hat aber
sicher dazu beigetragen, dass mich die Lektüre so erschüttert hat. Über alles
andere wäre ein persönlicher Austausch viel interessanter ... Vielleicht beim
nächsten Scrabble-Turnier?
Deine Geschichte wird mich noch lange verfolgen.
Dein ...

Die Wiedergabe von Teilen der Reaktionen auf »Schattenlicht«
habe ich kurz nach Erhalt der Briefe geschrieben.

Sei heiter!
Es ist gescheiter,
als alles Gegrübel,
Gott hilft weiter,
zur Himmelsleiter
werden die Übel.

Theodor Fontane
Aus dem Lyrischen Adventskalender von Prof. Dr. Hartmut Günther
(auch ein Scrabbler)

Die ersten Monate in diesem Jahr waren vor allem mit meinem
Buch und den Reaktionen darauf gedanklich ausgefüllt.

Und so ging es weiter 2014

Im April gehen wir ins Hamburger Schauspielhaus. Molierès:
»Schule der Frauen« bietet glänzendes Theater, so das Hamburger
Abendblatt. Joachim Meyerhoff spielt die Rolle des alten Mannes,
der sich ein junges Mädchen zur idealen Ehefrau erziehen will.
Geht natürlich schief. Joachim Meyerhoff ist »der Mensch
gewordene Duracell-Hase mit AAA-Batterie«. Das fand ich auch.
Manfred verlässt die Vorstellung in der Pause und wartet im
Foyer. Ihm ist das zu überdreht. Enkelin Janne und ich genießen
und klatschen uns am Ende die Hände rot.

Das jährliche Schleswig-Holstein-Musik-Festival beschert dem ZONTA-Club einen Höhepunkt. Am 27. Juni schreibt der HOLSTEINISCHE COURIER: Das Festival beginnt mit Salonatmosphäre. Es geht um die Frauen um Mendelson-Bartholdy. Sechs Frauen – ich inbegriffen – übernehmen die verschiedenen Rollen. Schüler der Musikschule umrahmen das Ganze. Spaß hat es gemacht.

In Bayreuth erleben wir LOHENGRIN. Der Sohn unserer Musikerfamilie hat es zwischenzeitlich bis nach Bayreuth geschafft. Er hat uns die Karten geschenkt. Ein außergewöhnliches Erlebnis.

Es geht Schlag auf Schlag. Wir veranstalten im September wieder ein »Nordlichter Scrabble-Turnier«. Am Morgen danach, ich liege noch im Bett, kommt Horst trällernd ins Schlafzimmer: »Das schöne Mädchen auf Seite 1!« Tatsächlich, Claudia, meine 25 Jahre jüngere Scrabble-Schülerin und ich prangen auf der 1. Seite des Couriers mit einem Scrabble-Brett vor uns. Ich belege in diesem Heimspiel Platz 2.

Mein geschiedener Mann feiert seinen 80. Geburtstag. Es wird ein schönes entspanntes Fest. Er hat uns an einen Tisch mit sehr angenehmen Menschen gesetzt. Wir scheinen uns alle zu mögen. Die Unterhaltung läuft entspannt. Es wird viel gelacht.

Beim ZEIT-Scrabble-Turnier belege ich Platz 30. Die Bäume wachsen nicht in den Himmel.

Nicolas wird am 4. Dezember 54 Jahre. Ich veranstalte eine Kuchen- und Plätzchenorgie. Eine Woche nur backen, backen, backen.

Noch einmal zurück zu den Reaktionen auf mein Buch. Im November 2014 schreibe ich: Monate mit vielen Ereignissen liegen hinter mir. Die Entspannung hat meist angehalten. Gelegentliche Einbrüche, bei einer Arie, einem Satz, einem Traum, gibt es noch. Aber Sommer und Herbst waren gefüllt mit Aktivitäten, mit Aufenthalten auf dem Gütchen, mit Enkelkindern, einem Urlaub auf Rügen und vielem anderen. Da fällt es mir leichter, die »große Traurigkeit« zu verscheuchen.

Die vielen Frauengruppen, an denen ich teilnehme oder leite haben das ihrige getan. Ein erfülltes Leben. Schließlich bin ich 76 Jahre. Irgendwann habe ich in unserem Haus eine kleine Lesung für die ZONTA-Freundinnen gemacht. Ich habe mich dabei im wesentlichen auf den ersten Teil beschränkt, der sich mit den Fluchterlebnissen befasst. Auf diese Lesung gab es mündliche Rückmeldungen und auch einen Brief.

Muss Frau ein gewisses Alter erreicht haben, um so mutig wie Du zu werden? Du hat uns einen sehr intimen Einblick in Dein Leben gewährt und dafür will ich Dir nochmal herzlichst danken. Dein Leben war bunt und voller Hürden, die es zu bewältigen galt. Mein Chef sagte mal: Menschen, die einen bewegten Lebensweg gemeistert haben, sind die angenehmsten Zeitgenossen und deshalb bist Du mir so angenehm. Schön, dass ich dabei sein durfte.

Engel gibt es an fast allen Orten

Ich habe vor langer Zeit in einem Restaurant, Menschen zu einem besonderen Menü – es nannte sich »Engelmenü« – etwas über Engel erzählt. Der Gastronom hatte den Raum besonders schön hergerichtet. Das waren ganz wunderbare Abende, die in der Vorweihnachtszeit Menschen berührt haben. Für mich gab es nach Peters Tod einige Engel. Alexandra war sicher einer der Wichtigsten.

Jetzt sind noch drei Briefe übrig. Der erste, der im April kommt, ist von Billa. Billa ist ein Kind, das in der DDR aufgewachsen ist und dort Meissener Porzellan-Malerin wurde. Sie hat irgendwann einen Ausreiseantrag gestellt und durfte Ende 1988 ausreisen. Sie ist eine Großnichte von Horst, jetzt verheiratet mit einem Manager, hat eine Tochter und ist eine wunderbare Frau. Wir haben in diesem Jahr ihren 50. Geburtstag gefeiert. Bilder von ihr hängen in unserem Haus, und auch auf dem Gütchen habe ich eins aufgehängt. Wunderbare, kunstvolle Malerei, sehr feingliedrig und detailliert. Sie schreibt:

»Ich habe gelacht, gestaunt, geweint. Du als rothaariges Mädchen, das einem Vulkan gleicht. Darüber habe ich mir nie vorher Gedanken gemacht.«

Sie schreibt dann Erinnerungen an Peter auf. Er hat bei einem Besuch in Coswig in ihrer kleinen Wohnung gewohnt. Schöne Erinnerungen sind das. »Peter war ein wunderbarer junger Mann.« Der Brief macht mich traurig und froh.

Der letzte Brief kam im August. Er ist von Ilse, meiner ältesten Schulfreundin. Als ich in ihre Klasse kam und sie mich sah, das rothaarige, sommersprossige, ärmlich gekleidete Flüchtlingskind, wusste sie sofort, dass sie sich meiner annehmen muss. Das hat sie dann auch getan. Sie zieht Parallelen zu ihrer Familie und meint, dass die zweiten Kinder immer die Unzufriedenen sind. Na, jedenfalls hatte Peter, den fünf Jahre von seinem Bruder trennten, es nicht so leicht. Da hat sie recht.

Ausklang

So viele Briefe, von so vielen wunderbaren Menschen. So viele Facetten von mir, die angesprochen wurden, so viele Parallelen, die gezogen wurden, so viele Tränen, die geflossen sind. Es ist mir gelungen, eine Biografie zu schreiben, in der sich viele Menschen, vor allem Frauen wiedergefunden haben. Darüber freue ich mich. Ich spüre auch, dass viele Beziehungen sich vertieft haben. Böses Gerede hat es nicht gegeben. So bin ich froh, dass meine Auswahl der Menschen, denen ich die Biografie geschenkt habe, richtig war.

Ich denke darüber nach, ob bei mir Selbst- und Fremdbild besonders weit auseinanderklaffen. In vielen Briefen wird betont, dass sie mich als starke, selbstbewusste Frau empfunden haben. Aber in mir steckt immer noch dieses Mädchen, dem so viele böse Sprüche nachgerufen wurden, das sich immer so anstrengen musste, vor allem in der Schule und bei Partnerschaften. Ich habe Untreue ertragen und immer wieder vergeben. Ich war schwach und hatte so viel Angst, allein zu bleiben. Ich war wohl meist beides: Stark, wenn es um meine Arbeit, um andere Menschen ging, schwach, wenn es galt, Lebensentscheidungen zu treffen.

Das wunderbare ist, dass ich jetzt (endlich!!) einen Mann habe,
der mich liebt und wertschätzt, der seine »wilden« Jahre hinter
sich hat. Er hat sich zu einem zärtlichen, aufmerksamen Partner
entwickelt. Vieles in unserer Ehe läuft jetzt so, wie ich es mir
wünsche. Er trägt auch Peters Tod mit, hat mir über die schweren
Jahre hinweg geholfen. Wir sind sehr verschieden. Es gibt immer
wieder »Aus – ein – ander – setzen«. Aber das gehört zu unserem
Leben. Langweilig wird es nicht.

Mein erstes Enkelkind sehe ich leider nicht mehr. Aber ich habe
mich daran gewöhnt. Auch Nicolas hilft mir sehr. Er hat als
einziger Kontakt in unserer Familie, Kontakt zu Peters ver-
lassener kleiner Familie. Das finde ich wunderbar. Er schickt mir
Bilder und sagt oft: »Mutter, das wird schon noch.« Ich hoffe,
dass er recht hat. An Peter denke ich fast täglich. Aber es macht
mich nicht mehr so traurig. Manchmal frage ich mich, ob das
auch so wäre, wenn er noch lebte. Er ist zu einem Teil von mir
geworden, der mich stets begleitet.

Es gibt wieder Glücksmomente in meinem Leben. Ich kann mich
über so vieles freuen. Ein Frühstück mit Horst in einem Café, in
das wir oft gehen, beinhaltet solche Stunden. Wir lesen Zeitung,
lächeln uns hin und wieder zu. Reden ein wenig miteinander, sind
umgeben von dem netten Service, grüßen zu bekannten
Menschen herüber. Da bin ich entspannt und oft richtig glück-
Lich. Wir gehen auch immer wieder zum Friedhof. Auf das Grab
meiner Mutter und Tante Hilde habe ich einen Gedenkstein an
Peter gelegt. Wir sprechen dort das Vaterunser, zupfen ein wenig
Unkraut, lesen jetzt im Herbst Blätter vom Blumenschmuck,

verabschieden uns dann und gehen wieder nach Hause. Wir spielen fast täglich Scrabble.

Wir waren fünfmal für 14 Tage auf dem Gütchen. Manchmal kochen mein Sohn und seine Partnerin für uns, manchmal gehen wir gemeinsam essen. Manchmal koche ich. Wir ernten frisches Gemüse, haben viel Besuch, Freunde aus alter Zeit, die Nachbarin schaut herein, die Gärtnerin, ein Handwerker. In unserem Einraumhaus aus dem 18. Jahrhundert, das wir bewohnen dürfen, bin ich schon am zweiten Tage wieder zu Hause. Da gibt es auch viele Glücksmomente. Nicolas, Mara und Jaro schauen herein. Fernsehen gibt es nicht. Dafür gibt es Weite, Wiesen mit Kühen und Schafen, Nachbarn, die Kuchen auf das Fensterbrett stellen, Spaziergänge über Höhen und Tiefen, Gemüse aus dem kleinen Gärtchen und Äpfel in Hülle und Fülle. Ein kleines Paradies. Das ist noch einmal ein ganz anderes, auch sehr erfülltes Leben. Wenn nicht, ja, wenn nicht … Ich wäre wohl eine sehr glückliche Frau. Aber ich habe trotzdem viel Grund, dankbar zu sein.

Es kam noch ein Brief. Peter war einer der Leiter in meiner Ausbildung zur Supervisorin. Ich verdanke ihm viel. Er ist Pastor und hat eine psychoanalytische und sicher noch manch andere Zusatzausbildung gemacht. Er schreibt: »… *es ist schwer, auszumachen, wofür wir im Hinblick auf nahe Menschen verantwortlich oder schuldig sind. Ich glaube nicht, dass Du in Deiner Beziehung zu Peter Schuld hattest oder hast. Vielmehr glaube ich, dass der, dem gegenüber wir uns schuldig wähnen, uns unbewusst/bewusst zu einem Teil seines Lebens und da besonders seiner Ängste und Minderwertigkeitsgefühle – machen konnte/kann. Wir spielen eine Rolle, weil wir nahe sind – aber wir dürfen auch nicht die sein, die wir wirklich sind.*«

Ich konnte Peter meist folgen, in dem was er sagte und uns versuchte klarzumachen. Das ist auch diesmal so. Diese Interprettation ist noch einmal entlastend für mich. Ich habe erst spät meinen Eltern, vor allem meinem Vater verzeihen können. Es war schwer, sie auf der Folie ihrer Zeit zu sehen, als Mann und Frau, die sie waren. Letztlich ist jeder irgendwann für sich selbst verantwortlich. So danke ich zum Schluss allen meinen Engeln, die mir geholfen, die mich gestützt und unterstützt haben mit Tat und Briefen. Ihnen widme ich diesen Teil meines Altersgesichts.

Zurück zu den Jahrbüchern.

Das Jahr 2015 steht auf der ersten Seite und – immer wieder das Gütchen. Pfingstrosen in roter Pracht, Äpfel, Walnüsse, Maronen in Hülle und Fülle. Schöne junge Frauen, Nicolas wird 55 Jahre, Wäsche duftet nach Licht und Sonne (leider gibt es die Leinen zum Trocknen auf der Wiese neben den Häusern nicht mehr). Nicolas stören sie, weil der Blick in die weite Landschaft gestört wird), Urlaub auf Sylt, Scrabble-Turniere, Sizilien, Freundinnen, Nachbarn. Aber der Reihe nach.
Meinen Geburtstag feiern wir auf Sylt. Nicolas und Freundin kommen und als Überraschung. Ostern sind wir auf dem Gütchen. Ostereier, Osterglocken, Freunde. Ich fange ein neues Buch an.»Entschärft« soll es heißen. Zeitgeschichte, orientiert an den Briefen meiner großen Lieben Fanny und Manfred. Im Mai sind wir auf Sizilien. Eine Gruppenreise. Wir treffen alte Freunde von Manfred. Sie bewohnen ein Grundstück am Fuß des Ätna. Fruchtbarer Boden, halbverschüttete Häuser, Wäscheleinen zwischen den Häusern, bunte Keramik, alte Straßenpflaster, die

geschichtsträchtige Villa Casale mit wunderbaren alten Mosaiken, die Mädchen in Bikinis zeigen, alte Tempel und, und, und.

Ende Mai wieder Köln und das Gütchen. Das ist immer ein besonderes Erlebnis für mich. Frohe Mutter!

Im Juni begeistert mich die NORDART in Büdelsdorf. Riesige Tierplastiken. Im Mittelpunkt eine lagernde Schweineherde. Ein Eber, der den Kopf einer Sau brutal auf die Erde drückt. Mein Emanzenherz bäumt sich auf.

Siegfried wird 50 Jahre, Janne 20 Jahre. Die beiden feiern gemeinsam. Ein Abend und ein Morgen – Kanalfahrt inbegriffen. Ein sehr schönes Familienfest.

Im November ZEIT-Scrabble-Turnier in Magdeburg. 2019 stellt die Zeit das Turnier ein. Der zuständige Redakteur der ZEIT geht in den Ruhestand. Auch im November das Scrabble-Turnier der Nordlichter. »MIT SCRABBLE IN DIE GROSSE WELT DER WÖRTER« schreibt der COURIER.

Internationaler Frauentag 8. März 2019

Unter dem Motto »Frauen in Bewegung« finden in Neumünster eine Reihe von Veranstaltungen statt. Eine davon werde ich mitgestalten. »Mit Ratsfrauen im Gespräch« heißt sie. Die Einladung lautet: »Bei der Kommunalwahl 2018 wurden elf Frauen (ca. 24 Prozent) in die Ratsversammlung gewählt. Zum Internationalen Frauentag lädt das Seniorenbüro am Dienstag, 12. März um 17 Uhr ins Begegnungszentrum Faldera ein. Es geht um 100 Jahre passives und aktives Wahlrecht für Frauen, die Prioritäten von Frauen in Politik, die Frage, ob eine Frauenquote in den Parlamenten sinnvoll ist, und ob sie sich in ihrer politischen Arbeit ernst genommen fühlen.«

Die Seite 3 des Holsteinischen Couriers ist ganz dem Internationalen Frauentag gewidmet. Da wurde aufgezählt, wann und was Frauen im letzten Jahrhundert positiv für sich verändern könnten.

Ich werde es im folgenden wiedergeben, um auch mir immer wieder in Erinnerung zu rufen, wie »jung« vieles noch ist.

Was Frauen wann durften – und was nicht:

1916   Frauen dürfen wählen und gewählt werden.

1949   Gleichstellung per Gesetz.
        Elisabeth Selber, Frieda Nadig, Helene Weber und
        Helene Wessel sind es, die dafür sorgen, dass der Artikel
        3 des Grundgesetzes lautet:
        Männer und Frauen sind gleichberechtigt.

1958   Frauen dürfen ohne Genehmigung ihres Mannes den
        Führerschein machen. Ich bin 20 Jahre alt. Ich werde
        den Führerschein 1965 mit 27 Jahren machen. Meine
        Schwiegermutter hat mir das Geld geschenkt mit dem
        Satz: »Kind, mach Dich von den Männern unabhängig!«

1962   Frauen dürfen ein eigenes Konto eröffnen.
        Mein erstes Konto hatte ich erst nach meiner
        Scheidung.

1977   Arbeiten ohne Erlaubnis des Ehemannes. Mein erster
       Mann schreibt zwar, in einem seiner vielen Briefe, dass er
       nichts dagegen hätte, wenn ich meine Stelle wechsle.
       Aber ich habe in meiner ersten Ehe gearbeitet und dann
       auch von 1971 – 1974 studiert. Ich hatte jede Freiheit.
       Dafür bin ich ihm heute noch dankbar.

1993   Die erste Ministerpräsidentin, Heide Simonis, kommt
       aus Schleswig-Holstein.

1994   Frauen müssen nicht mehr den Namen des Mannes
       annehmen.

1997   Vergewaltigung in der Ehe wird strafbar. Ich habe das in
       meinen beiden Ehen zum Glück niemals erlebt. Dass
       Männer noch bis 1997 über den Körper der Frau ein-
       fach verfügen durften, finde ich unvorstellbar.

Die Mühlen der Gleichberechtigung mahlen langsam. Ich bin
jetzt 81 Jahre alt, aber immer sind es Frauen, die oft gegen die
Mehrheit der Männer Veränderungen durchsetzen müssen. Ich
bin gespannt, wie und ob unsere Veranstaltung am 12. März mit
den Ratsfrauen verlaufen wird.

Zurück zur Gegenwart – aus dem Alltag der 82-Jährigen ...

15. März 2019 und Tage später

Die letzten Tage waren ereignisreich. Erst wurde Manfred krank.
Husten, Halsschmerzen, Fieber. Er war gerade dabei, wieder
gesund werden, da wurde ich krank. Ganz ähnliche Symptome.
Der Arzt kam zu uns ins Haus. Am Wochenende wollte Manfred
bei »Neumünster singt und spielt« im Eisenbahnmänner-Chor
singen. Das musste er dann absagen. Schlimmer war, dass ich am
Dienstag, das von mir mit geplante »Treffen mit Ratsfrauen«
nicht begleiten konnte und meine Partnerin alleine lassen musste.
Am Empfang im Landeshaus für Ostpreußen, konnte ich auch
nicht teilnehmen. Manfred fuhr allein. Morgen wollten wir bis
Sonntag nach Berlin zum Geburtstag von Elmar fahren. Haben
wir auf Sonnabend verschoben. Aber dazwischen lief eine
Einladung von der Deutschen Botschaft in Moskau. Manfred, er
ist der Cousin der legendären Sängerin Alexandra (»Mein Freund,
der Baum«), soll einen Vortrag über sie halten. Morgen soll der
endgültige Antrag an das Auswärtige Amt Berlin abgehen. Es gab
von Anfang an, nur Schwierigkeiten. Mein Reisepass war abge-
laufen. Jetzt habe ich einen vorläufigen Pass für ein Jahr. Bis das
aber klappte, musste ich dreimal zum Bürgerbüro und einen
Anruf starten. Die Zeit lief. Dann fehlten Reisekrankenver-
sicherungen. Manfred bekam eine, aber über nur 30 Prozent (er
ist beihilfefähig). Ging nicht. Die Beantragung einer neuen
Versicherung dauerte auch ein paar Tage. Heute eine Mail von der
Deutschen Botschaft in Moskau. »Ihr Antrag ist leider veraltet.«
Den hatte ich bei Google heruntergeladen. Ich kam mit dem
neuen Antrag nicht klar. Ein Freund half. Nun ist die Zeit kurz

(zu kurz?). Ich tröste mich damit, dass ich wieder eine Menge gelernt habe. Wenn es nicht sein soll, dann eben nicht. Auch der zweite Antrag genügte der Russischen Botschaft nicht. Nun haben wir die Moskaureise abgesagt. Schade.

Heute ein Artikel über einen Vortrag der ehemaligen Oberbürgermeisterin von Kiel, Susanne Gaschke, vor dem ZONTA-Club Kiel. Überschrift:»Verfolgt von Tränen-Bildern.« Ein einziges Mal flossen vor der Kamera ein paar Tränen, die sie nicht unterdrücken konnte. Sie sagt, diese Bilder verfolgten sie in den öffentlichen Medien. Frau Gaschke wurde einst von der eigenen Partei aus dem Amt gedrängt. Nun fordert sie mehr Mut von uns Frauen. Nur keine Gefühle zeigen in der Öffentlichkeit. Aber sind es nicht gerade Emotionen, die uns Frauen auszeichnen?

Ich schlage das Jahrbuch 2016 auf.
Bennie wird konfirmiert. Ein schönes Familienfest.

Zitieren will ich noch einen Leserbriefwechsel mit einem Journalisten (COURIER). Er hatte in einem Artikel bemängelt, dass eine Straße nach einer Frau und nicht nach einem der s. E. viel bedeutenderen Männer benannt werden sollte.

Leserbrief an Courier:
Lieber Herr …,
witzig ist er ja Ihr Vorschlag, eine Straße nach Daisy Duck zu benennen. Uns stimmt das traurig. Wir brauchten keine Minute und es fielen uns eine ganze Reihe von Frauen ein. Wie wäre es mit einer der Fallada--Preisträgerinnen?

Nebenbei ist uns dabei aufgefallen, dass von 16 Preisträgern nur vier Frauen gekürt wurden. Das sind 25 Prozent. Es gibt auch viele, viele verdiente Frauen der Geschichte und der Gegenwart Deutschlands. Wie wäre es zum Beispiel mit Elisabeth Selber, die den Artikel 3 des Grundgesetzes: Männer und Frauen sind gleichberechtigt, für unser Grundgesetz erstritten hat. Wir, die Unterzeichnenden, werden für das Seniorenbüro vier Frauen aus unserer Geschichte und eine Frau der Gegenwart beim INTERNATIONALEN FRAUENTAG vorstellen. (s. Ankündigung der Veranstaltung im Courier)
Wir laden Sie sehr herzlich dazu ein.

Die Antwort:
Liebe Frau Lessing,
vielen Dank für Ihren Leserbrief, den wir natürlich gern veröffentlichen werden. Ich bin ganz bei Ihnen, dass es sehr viele verdiente Frauen gibt, die eine eigene Straße bekommen sollten. Mich stört nur das Dogma, weil es verdiente Stadtpräsidenten und Oberbürgermeister verhindert. Ihr Vorschlag mit den Fallada-Preisträgerinnen finde ich ebenfalls klasse und unterstützenswert. Nur leider ist der derzeit nicht umsetzbar.
Die Damen leben leider nämlich alle noch.
Alles wird gut.

Beste Grüße – auch an Ihre drei Mitstreiterinnen.
Ihr …

Nun denn, alles wird gut. Apropos: Der Stadthalle hat man nun den Namen »Dr.-Uwe-Harder-Stadthalle« gegeben. Damit ist der verdiente Oberbürgermeister zu seinem Recht gekommen.
Ich blättere in der Neumünsteraner Geschichte. Wie viele Frauen werden dort benannt und in welchen Funktionen?

16 Stadtpräsidenten gab es in Neumünster. Drei davon waren Frauen.

Alexandrine von dem Hagen (1974-1978)

Helga Hein (2002-2003)

Anna-Katharina Schättiger (seit 2015)

Zwei dieser Frauen leben noch. Nach Alexandrine von dem Hagen wurde ein kleiner Weg (Von-dem-Hagen Weg) benannt. Es wird nicht deutlich, dass sie eine Frau war. Bürgermeister und Oberbürgermeister (seit 1870): keine Frau. Auch unter den Amtsmännern (seit 1451-1852) findet sich keine Frau.

Dann folgen unter den benannten Namen bedeutender Neumünsteraner Bürger einige Frauennamen auf. Ich will sie hier benennen:

Marie Schmelzkopf (1887-1966), Politikerin

Annemarie Auer (1913-2002), Schriftstellerin

Christa Mewes (geb. 1925) Psychotherapeutin und Schriftstellerin. Es folgen dann noch 5 Frauen. Sie leben alle noch. Kommen also für einen Straßennamen nicht in Frage. Ich weiß, dass sich Frauen auf den Weg gemacht haben, bedeutende Frauen der Geschichte Neumünsters zu entdecken und ihr Leben aufzuschreiben. Ich bin gespannt auf das Ergebnis.

Ich entdecke eine alte Freundin wieder. Ilse Stiewitt. Sie zündete einst einen Emanzipationsfunken in mir an. Sie schenkte mir ihre Diplomarbeit zum Thema Emanzipation der Frau und wurde später Frauenministerin in Hessen. Eine Frau meiner Generation, die es nach oben geschafft hat.

Immer wieder Scrabble. Ich nehme am ZEIT-Scrabble-Turnier in Rheinsberg teil. Manfred begleitet mich. Wir fahren durch die wunderschöne Landschaft Brandenburgs. Es gibt so viele Alleen. Ich staune. Rheinsberg mit dem Tucholsky-Museum ist ein Erlebnis. Ich mache Platz 17 bei 48 Teilnehmerinnen und Teilnehmern.

In einer Veranstaltung der Hermann-Ehlers-Akademie nehmen Manfred und ich an einem Seminar »70 Jahre Flucht und Vertreibung« teil. Wir diskutieren mit einer Abiturklasse.

Ich halte einen Vortrag über Rosa Luxemburg:
»Das laut zu sagen, was ist …«
Rosa Luxemburg machte diesen Spruch zur Lebensmaxime.
Diese Haltung bezahlte sie mit ihrer Ermordung. Frau Gaschke, ehemalige Oberbürgermeisterin der Stadt Kiel und aus dem Amt heraus gedrängt, fordert in einem Artikel heute im Courier: Mehr Mut! Klingt recht bescheiden. Der Courier schreibt: Kämpferinnen gaben sich die Ehre. Wir tragen, der Zeit Rosa Luxemburgs Rechnung tragend, alle einen Hut.

Zonta feiert 25-jähriges Bestehen unter dem Motto: 25 Jahre Kampf für Frauenrechte.

Mit Freundin Gisela nehme ich an einem Seminar in Sankelmark teil: fernöstliche Kalligraphie. Ich lasse eines meiner »Werke« rahmen und hänge es auf.

Urlaub in Bad Reichenhall. Urlaub mit Freundin Antje in St. Peter Ording. Apfelernte auf dem Gütchen, der Keller wird renoviert.

Ich finde ein Gedicht, das ich 1971 angefangen und 2016 beendet habe:

Manchmal
habe ich Dich
mit einer Schnecke verglichen.
Manchmal
schienst Du mir ein Chamäleon zu sein.
Oft
warst Du ein wilder Löwe,
ich eine ungeschickte,
erfolglose Dompteuse.
Vielleicht
lernen wir beide
eines Tages
jenseits aller Viechereien
uns so zu akzeptieren, wie wir sind.

Im Jahr 2016 schreibt ich:

Leider;
wir haben es nicht gelernt.
Ist das der oft anstrengende
Reiz unserer Beziehung?

Das Jahr 2017 wird eröffnet mit einem großen Foto eines glücklich lachenden Paares mit Kind. Nicolas hat geheiratet.

Am Wochenende 21./22. Januar besuchen wir die Elbphilharmonie und übernachten im Westin (Hotel innerhalb des Konzerthauses). Wir hören »Die Schöpfung« von Haydn. Hengelbrock dirigiert. Das ist innerhalb unseres reichlich bewegten Lebens ein Highlight.

Meinen 79. Geburtstag feiern wir wie fast jedes Jahr auf Sylt. Nicolas kommt mit künftiger Frau angeflogen. Ich mag Mara. Es liegt Schnee. Auf Nicolas besonderen Wunsch lade ich in die SANSIBAR ein, Sylts legendäre Strandbar. Das wird für alle eine Enttäuschung. Der Raum ist dunkel und überfüllt. Das Essen nur mittelmäßig. Wir trinken unsere Flasche Wein nur halb aus. Auf dem Weg zum Parkplatz kommt eine junge Frau hinter uns hergelaufen. Sie überreicht uns die halbe Flasche Wein. Das ist überraschend. Ein besonderer Service?

Ich beginne, an einem zweiten Buch zu schreiben. Ich habe die Briefe meiner beiden Männer hervorgeholt. Es gibt viele davon. Damals schrieb man noch eifrig mit der Hand. Sie stammen aus den Jahren 1958 – 1960. Fanny studierte in Graz. Wir schrieben uns mindestens jeden zweiten Tag einen Brief. Die Briefe sind auch Zeitbild und sie beschreiben die Liebe eines sehr jungen Paares.

Der Briefwechsel zwischen Manfred und mir geht von 1971 bis 1979. Ein Mann und eine Frau, beide verheiratet, beide zwei Kinder, verlieben sich. Das kann nur tragisch enden. Das es dann für die beiden noch ein gutes Ende nimmt, gleicht einem Wunder. Ob Peter ein Opfer dieses Wunders war, bleibt eine offene Frage und eine offene Wunde.

Den Internationalen Frauentag gestalten Brigitte und ich wieder für das Seniorenbüro. Wir stellen »Tatkräftige Frauen« vor: Margarete Steiff, Käthe Kruse und eine Gewandmeisterin aus Neumünster. Frau Lotichius hat noch bei Marsian, einem über Deutschland hinaus bekannten Kleiderfabrikanten, gelernt. Wir staunen, wie fortschrittlich Marsian damals schon war. Ein eigener Kindergarten für die dort arbeitenden Frauen, Mittagstisch und eine sehr gute Ausbildung. Eine Tochter von Herrn Marsian hat uns ihre wunderschönen, alten Käthe-Kruse-Puppen ausgeliehen. Ein erfolgreicher, gut besuchter Nachmittag.

Ich fahre zu meiner »Mütter-Kur-Freundin« Petra in den Schwarzwald. Wir landen im »5-Sterne-Himmel« Baiersbronn. Da wird auch nur mit Wasser gekocht. Eine Kräuterwanderung, Ringelnatter inbegriffen, macht mich mit dem Tintenfisch-Pilz bekannt. Ein Wiesenschädling, der im Begriff ist sich auf den Almen anzusiedeln. Attraktiv sieht er ja aus.

Am 15. Juli findet dann das Ereignis des Jahres statt. Ich nenne es »Verlobungs-Hochzeit«. Deutsche Freunde und Verwandte und die kurdische Familie von Mara sitzen getrennt. Die wunderschön weiß gedeckten Tische und die mit weißen Hussen bezogenen Stühle, laden in den Park des Hofes ein. Ein kalt-warmes Buffet mit Koch und Service-Personal stehen bereit. Nach einiger Zeit begebe ich mich zu den kurdischen Tischen und frage, ob sie eine geschlossene Gesellschaft seien. Sofort werde ich freundlich und herzlich eingeladen. Zumindest ich habe das Eis erst einmal gebrochen. Es ist schön und angenehm, die Familie von Mara kennenzulernen. Geheiratet wird ein paar Tage später. Das Paar und zwei Trauzeugen sind unter sich.

Im September fahren wir dann an den Bodensee. Ein gutes, aber auch trauriges Treffen der Offizierskameraden in Weingarten geht unserem Urlaub voraus. Der Einladende und Organisator des Treffens erzählt mir irgendwann, dass er eine beginnende Demenz habe. Am nächsten Treffen wird er nicht mehr teilnehmen können. Es berührt mich, macht mich traurig, wie seine Frau ihm immer wieder hilfreich zur Seite steht. Das Leben kann sehr hart sein: Im Alter nehmen die Schicksalsschläge zu.

Am 11. Oktober wird mein zweites Enkelkind geboren. Ich bekomme regelmäßig auf Whatsapp Bilder und kleine Filmchen. Ende November werden wir auf das Gütchen fahren und den neuen Erdenbürger bewundern.

Aber noch ist das Jahr nicht zu Ende. Vom 18.-22. Oktober fliegen wir nach Barcelona. Ich bin begeistert von dieser Stadt. Eine Demonstration der Katalanen erleben wir auch. Es geht friedlich zu. Einige Zeit später wird einer der Initiatoren der Demonstrationen in Neumünster im Gefängnis einsitzen.

Ein erstes Weihnachtsfest nach vielen, vielen Jahren mit meinem Sohn und seiner jungen Familie auf dem Gütchen.

Ich habe schon lange nichts mehr über die Beziehung zu meinem ersten Enkelkind Paul und meiner Schwiegertochter Mia erzählt.

Es ist und wird wohl auch eine schwierige Beziehung bleiben. Es gibt immer wieder Ansätze. Paul fragt mich schriftlich, wie sein Vater denn mit neun Jahren war.

Ich beantworte seine Fragen so:

Peter bester »Freund« ist ein Mädchen. Sie heißt Elisabeth und wohnt gleich in der Nachbarschaft. Elisabeth hat eine türkische Mutter und einen deutschen Vater. Zwei Geschwister, eine Schwester und einen Bruder hat sie auch. Die beiden sind älter als Peter und Elisabeth. Peter geht sehr gern in diese Familie. Da ist immer was los. Zu Hause sieht das ganz anders aus. Der Papa ist im Dienst und hat noch viele andere Beschäftigungen. Er ist selten zu Hause. Die Mutter (Deine Oma, also ich) ist gerade im Examenssemester und schreibt an der Examensarbeit. Warum die Mutter erst mit 33 Jahren ihr Examen macht, das ist noch einmal eine ganz besondere Geschichte. Vielleicht willst Du sie eines Tages hören.

Oma und Opa sind da. Oma kocht gerne und gut und Opa hilft bei den Schularbeiten. Nicolas geht auf ein Ganztagsgymnasium und kommt meist erst am späten Nachmittag nach Hause.

In Peters Zimmer gibt es Legosteine, Fischertechnik (ein kompliziertes Schraub- und Bastelsystem). Vor allem aber gibt es Matchbox-Autos. Einige davon sind schon bei Dir. Außerdem Bücher. Z.B. Wickie und die starken Männer. Aber am liebsten ist Peter bei Elisabeth. Sie spielen drinnen oder streifen durch die Gegend. Elisabeth ist übrigens heute Ärztin.

In dieser Zeit beginnen meine Studienkollegin Ute und ich, mit unseren Kindern zu malen. Ute hat zwei Töchter. Es werden Leinwände, Farben und Pinsel angeschafft. Nicolas findet großen Gefallen an der Malerei. Neben meinem Bett hängt noch ein Bild, das er damals gemalt hat. Auch auf dem Bauernhof hängen Bilder von Nicolas. Du kannst sie bei dem nächsten Besuch auf dem Bauernhof ansehen. Peter kleckst lieber mit den Farben herum.

Die beiden Brüder Nicolas und Peter streiten viel. Das liegt sicher daran, dass Peter immer der Kleinere und Schwächere ist. Er möchte gerne an seinen Bruder heranreichen. Das ist aber unmöglich, wenn man über vier Jahre jünger ist. Er zieht fast immer den Kürzeren. Peter ist tapfer und mutig. Die Kämpfe sind oft heftig.

Peter spielt kein Instrument. Aber es gibt auch niemanden im Haus, der das hätte fördern können. Weder Vater noch Mutter spielen ein Instrument.

Später bringt Horst ein Klavier mit in die Wohnung. Wir bieten Peter Klavierunterricht an. Er lehnt ab. Es ist wohl zu spät. Musik im Haus gibt es trotzdem oft. Auf einer Uher-Stereo-Anlage werden Klassik, Volksmusik und Schlager gespielt. Peters Vater stellt ein Band mit der gängigen Tanzmusik zusammen. »This is the way to Amarillo« nennen wir es. Es enthält Musik der Beatles, Abba und andere Musik, nach der man gut tanzen kann. Die Partys finden im Keller statt. 20 – 30 Menschen kommen da zusammen. Sie essen von den selbst gemachten gefüllten Tomaten (mit Fleischsalat), halben Eiern, dem Kartoffelsalat und den Frikadellen. Die hat die Mutter am Tag gemacht. Auch Nicolas und Peter essen davon, nehmen eine kleine Weile am Geschehen teil und gehen dann in ihre Betten. Nach einer dieser Partys wachen die Eltern am nächsten Morgen vom Radau der Knaben auf. Sie haben die Weinreste aus den Gläsern geleert und feiern nun ihr eigenes Fest. Das Jahr 1974 ist für Peter trotzdem kein leichtes Jahr. Es gibt viel Streit zwischen den Eltern. Er ist ein mutiger, selbstbewusster, aber sensibler und feinfühliger Junge. Er leidet sehr unter diesen Streitereien.

Ein Jahr später wird die Ehe der Eltern geschieden und Peters Leben wird sich in den folgenden Jahren völlig verändern.

Jahresende gut – alles gut. Das Buch, an dem ich schreibe und dass ich »Entschärft« nenne, wartet darauf, dass es weitergeschrieben wird.

Die erste Seite des Jahresbuchs 2018 schmücken Scrabble-Buchstaben, die eine A C H T Z I G bilden.

2018 wir werden Manfred und ich 80 Jahre alt. Wir feiern auf Sylt und in Neumünster. Wir lernten uns 1971 kennen, leben seit 1978 zusammen und sind am 18. Dezember siebenunddreißig (37!) Jahre verheiratet. Ein Paar, das unterschiedlich nicht sein könnte. Meist anderer Meinung als der andere, immer zu Auseinandersetzungen bereit. Laut, leise und dennoch: Ohne den anderen geht es nicht. Eine Kerze, ein Nachtisch, 2 Löffel. Zwei kräftige Stämme, alleinstehend, die Zweige verästelt. Welches Blatt gehört zu welchem Baum? Dieses Jahresbuch soll Bilanz ziehen.

Wir nehmen beide am Leben teil. Ich spiele Doppelkopf, habe ehrenamtlich zwei Gruppen im Seniorenbüro: Scrabble und Literatur. Eine private Literaturgruppe und eine Doppelkopfgruppe. Manfred singt regelmäßig in mindestens zwei Chören (manchmal sind es auch drei). Er lernt noch einmal Klavier spielen. Wir lieben unsere Kinder und haben regelmäßig Kontakt. Siegfried, Hanne, Janne, die fleißige Studentin und Bennie, Schüler und Nebenbei-Jobber. Elmar und Sanne in Berlin. Nicolas, Mara und Jaro. Mia und Paul sehen wir eher selten.

Das allein macht ein reiches Leben. Aber wir reisen auch gerne. Vor allem nach Sylt, wo wir uns kennengelernt haben. Wir fahren für einige Wochen im Jahr aufs Gütchen. Wir helfen fleißig bei der Apfelernte. Oberstdorf, Dresden, die Ostsee und andere Orte waren unsere Ziele.

Gute Freunde, Freundinnen und Nachbarn haben wir. Ein erfülltes Leben, ein lebendiges Altern. Der schwere Schicksalsschlag, der Tod von Peter, begleitet mich.

Ich habe das Jahr 2019 erreicht. Ich bin jetzt 81 Jahre.

Es ist der 22. März 2019.

Gestern hatte Manfred einen Termin morgens um 7.30 bei unserem Hausarzt. Wir hatten beschlossen, danach zum Frühstück zu gehen. Ein Termin bei unserer Bank schloss sich an. Vorher wollte Manfred noch Brot besorgen und ich mir bei unserem Arzt Medikamente verschreiben lassen. Auf dem Weg zur Bank sprach mich plötzlich eine Frau an. Ich schätze, sie war ca. 60 Jahre alt, trug einen schwarzen Mantel und sah traurig aus. »Wissen Sie, wo ich mir Hilfe holen kann?«, fragt sie mich. Ich muss erst einmal eine Schrecksekunde überwinden und mich auf meinen Sachverstand besinnen. »Sie haben Probleme?«, frage ich. »Ja große.«

»Ja, dann brauchen sie Hilfe«, sage ich. »Ja«. „Haben sie eine gute Freundin", frage ich. »Sich öffnen vor einem vertrauten Menschen, tut uns meist gut.« Sie zögert. »Sind Sie verheiratet?«, frage ich. Zögernd: »War ich«. »MHM.« Ich empfehle ihr ein Gespräch bei einer Psychologin und sage: »Ein Erstgespräch bekommen Sie immer sehr schnell, Ihre Krankenkasse wird das bezahlen.« Ich nenne ihr den Namen einer Freundin.

Ich schaue auf die Uhr. Mein Mann wartet sicher schon. Sie merkt meine Geste, streichelt meinen Arm und sagt: »Ich will Sie nicht länger aufhalten.« Was hätten Sie in meiner Situation getan? Unzufrieden mit mir selbst treffe ich Manfred. »Warum hast Du ihr nicht ein Gespräch im Seniorenbüro angeboten?«, fragt er. Was hätten Sie gemacht?

Etwas später unterhalte ich mich mit meiner guten Freundin Gisela. »Da irrst Du«, sagt sie. »Auch Erstgespräche gibt es nicht mehr so schnell. Wir Psychologen sind so überlaufen, dass wir über Wochen keine Kapazitäten mehr frei haben.«
»Und was dann?«, frage ich. »Telefonseelsorge oder das Beratungszentrum. Da bekommt sie eher schnelle Hilfe.«
»Telefonseelsorge?«, frage ich zweifelnd. »Sind das nicht meist Laien, mit Kurzeinführung?«
»Das ist nicht richtig«, ist die Antwort. »Ich war gerade zu einer Fortbildung und habe Mitarbeiter der Telefonseelsorge kennengelernt. Sie waren kompetent und hilfreich. Da bekommst du schnell ein gutes, helfendes Gespräch.« Da habe ich wieder etwas dazugelernt und ein Vorurteil gestrichen.

Heute wurde ein entfernter Freund beerdigt. Eine katholische Beerdigung. Ein Urnenbegräbnis. Eine Familie mit viel Kunstverstand und auch in diesem Bereich tätig. Freunde machen Musik. Die Orgel spielt »Strangers in the night«. Die Predigt des Priesters ist nichtssagend. Er ist auch schwer zu verstehen. Sein Deutsch ist sehr gebrochen. Er redet über Jesus, die Mutter Maria, über ein Leben nach dem Tode. Den Verstorbenen streift er nur kurz. Wen will die Katholische Kirche mit solchen Predigten noch erreichen? Die Kirche ist voll mit Menschen. Wie viele hat er an Sonntagsgottesdiensten? Mich jedenfalls hat der Mann nicht erreicht. Sein buntes Gewand und sein Topfhut taten ein Übriges. Verpasste Chance der katholischen Kirche? Das, was gesagt werden musste, sagt dann eine »adoptierte Enkelin«. Sie schildert die Weltoffenheit, Großzügigkeit und Großherzigkeit, Toleranz und Herzlichkeit ihres Opas. Uns allen wird warm um das Herz. Viele weinen.

Ich werde jetzt zu einer Buchlesung gehen. Angelika Volquartz, ehemalige Oberbürgermeisterin der Stadt Kiel und Bundesverdienstkreuzträgerin, wird lesen. Ich kenne sie aus alten Zeiten. Sie war einmal eine Frau, die sich für Familien-Bildungsstätten engagiert hat. Ich bin neugierig. Wie sie wohl und was sie schreibt? Das Buch heißt: »Mein Herz schlägt in Kiel«. Ein netter Nachmittag. Mehr nicht. Sie berichtet viel über ihre Freundschaften zu Helmut Kohl und Angela Merkel. Das interessiert mich nicht. Ich bewundere den Lebensweg dieser Frau: Landtagsabgeordnete, Bundestagsabgeordnete, Kieler Oberbürgermeisterin mit besonderen Schwerpunkten. Segeln für alle Kieler Kinder, Blumenschmuck für die Stadt, eine nötige Halle bauen mit Spendengeldern, die sie einwirbt. Was für eine Energieleistung. Wo waren die Höhen und Tiefen einer solchen Laufbahn?

Sonntagmorgen, 24. März 2019
Morgen wäre Peter 54 Jahre alt geworden. Mit diesem Gedanken wache ich auf. Es ist 4.15 Uhr in der Nacht. Ich versuche, noch einmal einzuschlafen. Es gelingt mir nicht. Ich gehe nach oben in mein eigenes Reich, hier habe ich meine Supervisionen abgehalten. Hier besuchen mich ich auch Freundinnen. Hier schreibe ich.

Wie werde ich meine Altersbilanz weiterschreiben, sie beenden? Im Augenblick bin ich noch ratlos. Ich habe immer mal wieder eine Geschichte geschrieben. Ich beginne, danach zu suchen. Dabei stoße ich auf die Todesanzeige von Peter und seinen Abschiedsbrief. Ich entschließe mich, ihn noch einmal zu lesen. Die Trauer um ihn, überrollt mich mit voller Wucht. Ich kann nicht aufhören zu weinen. Ich lese noch einmal den Spruch auf der Todesanzeige:

Stoppt jede Uhr, lasst ab vom Telefon
lasst die Flieger kreisend, Trauer sei Gebot
an den Himmel schreiben: Er ist tot ...
Nie wird es so sein, wie es war.
(H. Auden)

Im Mai ist Peter nun elf Jahre tot. Sein Sohn wird in diesem Jahr mit dem Gymnasium beginnen. Die Trauer dauert an. Nie wird es so sein, wie es war. Manfred nimmt mich in den Arm und tröstet mich. »Morgen gehen wir zum Gedenkstein und legen Blumen hin«, sagt er. Was wäre ich ohne ihn.

Auf den Zahn gefühlt

Über meine umfangreiche Zahnbehandlung in der Zahnklinik der Uni Kiel habe ich schon berichtet. Der neue Zahn sitzt mit einer Klebebrücke (nur ein Zahn musste angeschliffen werden) fest in meinem Mund. Ich habe eine Geschichte darüber geschrieben. Hier ist sie:

Es war einmal ein kleines Mädchen. Nennen wir es Anna. Anna lebt mit ihrer Familie in einer Kleinstadt in Ostpreußen, nahe der litauischen Grenze. Ostpreußen gibt es heute nur noch in den Köpfen von alten Menschen. Aber das ist eine andere Geschichte. Anna lebt mit Mutter, Bruder und Meta in einer Wohnung über dem Geschäft der Eltern. Der Vater ist im Krieg und Meta ist der hilfreiche Geist für Kinder und Haushalt. Die Mutter betreibt die Buchhandlung mit Schreib- und Spielwaren. Anna hat wenig Erinnerungen an die Zeit in Ostpreußen. Sie erinnert sich an ein Schlafzimmer und ein Wohnzimmer mit Volksempfänger. Der Volksempfänger ist wichtig für Anna. Da hört sie Musik, die sie manchmal mitsingt. In diesem Zimmer steht auch die Couch, auf der sie schläft. An ein Badezimmer, an Baden, Waschen, Zähneputzen erinnert sie sich nicht.
Eines Tages, Anna ist noch nicht sechs Jahre alt, packt die Mutter einige Sachen in einen Koffer und steckt ein Federbett in einen Beutel. Es ist Herbst im Jahr 1944. Ein kühler Herbst, der einen kalten Winter ahnen lässt. Anna erinnert sich noch, dass die Mutter sie aufweckt, es muss mitten in der Nacht gewesen sein. Die Mutter weint. »Wir müssen Dich warm anziehen«, sagt sie. »Wir verreisen jetzt.« Auf die Frage wohin, antwortet die Mutter: »In den Westen.« Anna, der vierjährige Bruder und die Mutter

steigen in einen Militärwagen. Da sitzen viele Soldaten, die freundlich Platz machen. An die Fahrt, die dann folgt, hat Anna nur noch »Blitzlicht-Erinnerungen«. In ihrem Kopf entwickelt sich ein hilfreicher »Nebel«. Im Gedächtnis bleiben nur noch ganz besondere Ereignisse haften. Sie erinnert sich an eine Situation, in der sie zufällig sieht, wie Soldaten Menschen erschießen. Sie übernachten in Pferdeställen, Scheunen und manchmal bei netten Menschen. Fanden Waschen und Zähneputzen statt? Die Mutter hat anderes zu tun. Sie breitet das Federbett über ihre Kinder aus und organisiert vor allem Essbares. An Hunger und Frieren erinnert sich Anna nicht. Irgendwann landen sie in Potsdam. An das Schloss erinnert sich der Kopf genau. Dort bekommen sie ein Zimmer zugewiesen, in dem ein Bett steht. Nachts sitzen sie im Luftschutzkeller mit vielen anderen Menschen, Fremden. Sirenen brüllen durch die Nacht, lautes Krachen lässt die Wände des Kellers erbeben, dann lodert Feuerschein in den Keller.

Wo soll da Waschen oder gar Zähneputzen stattgefunden haben? Jedenfalls erinnert Anna sich nicht. Ihr Nebel gibt noch ein weiteres Bild frei. Eines Morgens, als Anna mit Mutter und Bruder – die Sirenen hatten Entwarnung gegeben – aus dem Luftschutzkeller kommt, liegt die Straße in Trümmern vor ihnen. Die Trümmerhaufen brennen, qualmen und stinken. »Das ist der Krieg«, sagt die Mutter. Das Haus, in dem sie ihr Zimmer haben, steht noch. Nur die Innenwände sind eingestürzt. Auf dem Bett liegen Staub und Steine. Was dann geschah, deckt der Nebel wieder zu. Jedenfalls geht es bald weiter. Schließlich landen sie in einem kleinen Dorf in Schleswig-Holstein. Im Schulraum liegen viele Matratzen, auf den Menschen liegen oder sitzen. Die Mutter, der Bruder und Anna bekommen eine. Das Federbett hilft. Die Anzahl der Menschen im Schulraum nimmt ständig ab. Sie werden verteilt. Die Mutter, der Bruder und Anna bekommen ein Zimmer in der Schule zugewiesen. Dort steht ein Bulleröfchen, das Holz frisst. Das Holz muss im Wald gesammelt werden. Der Blick aus dem Fenster zeigt einen Apfelbaum. Im Sommer lernt Anna dort »klauen«. Sie springt aus dem Fenster. Es folgen »Entlausungsaktionen«, Köpfe werden kahl geschoren und eingerieben. Krätze hat sich breitgemacht. Auch Anna ist davon befallen. Eiternde Geschwüre am Körper. Auf dem Flur ist ein Waschbecken aus Blech. Das Klo ist auf dem Hof, ein Plumpsklo. Zähne putzen? Wohl kaum. Ein Schuss Wasser ins Gesicht muss reichen. Seife? Vielleicht. Anna erinnert sich an Schmutzrändern an ihren Handgelenken. Sie erinnert sich auch an eine Badewanne mitten im Zimmer, in der sie gebadet wurde.

Irgendwann taucht ein Mann auf. »Dein Vater«, sagt die Mutter. Sie sieht sehr glücklich aus. Anna mag den Mann nicht. Er nimmt ihr den Platz im Bett der Mutter fort. Anna und der Bruder schlafen nun auf einer Matratze auf dem Fußboden. Jahre später geht der Vater vom Norden in den Westen. Er will ein Geschäft eröffnen. Das tut er dann auch. Die Mutter, der Bruder und Anna folgen nach einigen Monaten. Sie wohnen zunächst bei den Großeltern. Die leben nach der Flucht in einem ehemaligen Gastraum. Sechs Menschen in einem Raum. Trotzdem für Anna eine schöne Zeit. »Es riecht noch nach Alkohol«, sagt der Großvater.
Die Familie zieht weiter. In eine kleine Stadt am Niederrhein. Dort wohnt die Schwester des Vaters mit ihren vier Kindern und Mann in einem großen Haus. Annas Familie bekommt ein

Zimmer bei einer fremden Familie. Die sind nicht gerade erfreut über die »Einquartierung«. Waschen? Anna hat keine Erinnerung daran. Eine Zahnbürste und Zahnpasta gab es bestimmt nicht. Anna ist jetzt zehn Jahre alt. Trotz Schulwechsel ist Anna eine gute Schülerin. Da hat sie Erfolg. Das macht das Leben leichter. Ein weiterer Umzug ins Ruhrgebiet. In Duisburg hat der Vater ein kleines Geschäft eröffnet. Dort wohnt die Familie wieder in einem Zimmer. Wieder eine Einquartierung. Auch keine erfreuliche Situation. Zähneputzen? Anna hat keine Erinnerung. Anna ist elf Jahre alt, als es endlich eine kleine Wohnung gibt. Zwei Zimmer, keine Küche, kein Badezimmer. Ein Waschbecken in einem der Zimmer. Die Toilette ist im Flur, eine Treppe tiefer. Zähneputzen, Baden? Annas Nebel gibt da nichts her.

Anna drängt es auf eine höhere Schule. Die Lehrer hatten ihr Mut gemacht. Der Vater lehnt ab. »Du heiratest ja doch.« Die Schule würde 10 DM Schulgeld kosten.

Anna lehnt sich auf. »Dann musst Du eine Klasse überspringen«, fordert der Vater. Du wirst bald 12 Jahre alt. Anna schafft das mit »Hängen und Würgen«. Keine gute Schülerin mehr.

Sie muss 14 Jahre alt gewesen sein, als ein Zahn zu schmerzen begann. Ein Besuch beim Zahnarzt. Er bohrt den Zahn auf, findet Karies, entfernt ihn. Sie bekommt ihre erste Plombe. Der Zahnarzt schenkt ihr auch eine Zahnbürste, Zahnpaste und einen Becher. Das muss schon ein besonderer Zahnarzt gewesen sein. Zähneputzen ist lästig. Wie oft und wie regelmäßig hat Anna das gemacht? Der Nebel gibt wenig her.

Als Anna 17 Jahre alt ist, bekommt die Familie endliche eine richtige Wohnung. Drei Zimmer, Küche, Bad mit Badewanne und Waschbecken, ein eigener kleiner Kellerraum zum Abstellen von Eingewecktem, ein Speicher zum Wäschetrocknen. Sie bekommt sogar ein eigenes Zimmer. Für sie ein Paradies. Der Bruder muss im Wohnzimmer schlafen.

In den nächsten Jahrzehnten folgen Besuche bei Zahnärzten. Es folgen Plomben und Überkronungen. Zähneputzen bleibt ein lästiges Übel. Anna badet, später duscht sie sich einmal in der Woche. Sie muss ungefähr 70 Jahre alt gewesen sein, als sie mit regelmäßigen Zahnarztbesuchen beginnt. Zweimal jährlich Zahnreinigen gehört dazu. Der Zahnarzt ist meist zufrieden, Anna froh darüber. Zwei Zähne überkront er neu.

Leider gehören bei Anna auch Stürze vom Fahrrad oder bei Unebenheiten auf Gehwegen im Alter dazu. Eines Tages stürzt sie auf ihr Gesicht und beschädigt sich einen Frontzahn. In den nächsten Wochen verfärbt sich der Zahn. Er wird schwarz. Der Zahnarzt meint, ein Implantat sei noch nicht nötig. Der Zahn wird überkront. Nun eitert er fröhlich vor sich hin. Es tut weh, das Zahnfleisch über dem Zahn schwindet zunehmend. Es muss etwas passieren. Der Zahnarzt will nun ein Implantat setzen. Bei einem Urlaub auf Sylt lernt Anna einen Zahnarzt kennen. Dieser empfiehlt ihr, erst einmal einen Wurzelspezialisten aufzusuchen. Gesagt getan. Anna sucht und findet einen in Kiel. Dieser stellt dann fest, dass über dem Zahn ein erheblicher Knochenschwund stattgefunden hat. Es müssten umfangreiche Knochentransplantationen stattfinden, bevor man ein Implantat setzen könne. Er empfiehlt einen Arzt in der Uniklinik Kiel. Dort ist Anna nun in guten Händen. Der Zahn wird bezogen und durch ein Provisorium ersetzt. Die Vereiterungen müssen nun erst abheilen. Er erklärt Anna auch, wie man richtig Zähne putzt. Sie soll ab sofort nach dem Zähneputzen, mit kleinen Bürstchen die Lücken zwischen den Zähnen reinigen, und dann mit Chlorhexamed spülen. Am Ende gibt es noch zwei Wurzelbehandlungen und Überkronungen. Zwei Weisheitszähne sind nicht mehr zu retten und müssen gezogen werden. Der neue Frontzahn wird mit einer Klebebrücke befestigt. Ende gut, alles gut?

Die Fragen nach dem »wie weiter?«

Die Fragen nach dem, wie und wo wir wollen wir leben, wenn einer von uns sehr krank wird und gepflegt werden muss, diskutieren mein Mann und ich seit einigen Jahren. Wir haben ein Testament bei einer Notarin gemacht. Auch eine Vorsorgevollmacht hat unsere Anwältin erstellt. Der älteste Sohn wurde gefragt, ob er bei einem Koma oder einem nur noch quälenden Dahinsiechen, mitentscheiden würde, dass wir dann sterben dürfen. Er hat zugesagt. Auch das wurde schriftlich festgelegt. Wir haben lange überlegt, ob wir unser Haus verkaufen sollen und in Hennef oder Siegburg eine Wohnung mit der Möglichkeit des betreuten Wohnens mieten. Wir wären dann auch in der Nähe meines Sohnes. Da gibt es unser kleines Haus auf dem Lande. Wir haben uns dagegen entschieden. Hier in Neumünster sind wir zu Hause. Wir haben Freunde und gute Nachbarn. Hier singt Horst in Chören, ich arbeite ehrenamtlich und habe Freundinnen. Kreise, in denen ich entspanne und mich wohl fühle. Wir haben beschlossen, in unserem Haus zu bleiben, und wenn nötig, eine Pflegerin einzustellen. Unser Haus hat im Obergeschoss eine eigene kleine Wohnung mit Bad und Kleiderkammer. Da könnte die Pflegerin wohnen. Bei einer sehr schweren Behinderung müssten wir neu überlegen. Aber wir hoffen natürlich, dass das nicht passieren wird. Alles ist einfach nicht zu planen. Die Zukunft liegt im Dunkeln.

Ein Blick über den »Zaun«

Jetzt, da ich glaube, geschrieben zu haben, was mir wichtig war, in den letzten 20 Jahren, habe ich mir zwei Bücher von Frauen gekauft die über »Altwerden« schreiben. Ich will noch einmal »über den Zaun« schauen. Es sind die Bücher von Margot Käßmann und Bronnie Ware. Margot Käßmann schreibt immer wieder über ihren Glauben, der ihr half. Sie zitiert Bibeltexte. So komme ich dazu, noch einmal über meinen Glauben nachzudenken. Ich habe über 20 Jahre bei der Kirche gearbeitet. Ich hatte viel Kontakt zu Pastorinnen und Pastoren, und habe nach meiner Verrentung noch jahrelang an einem Glaubenskreis teilgenommen. Ich habe sehr gute Erfahrungen mit Pastoren gemacht. Es gab auch andere: So sagte einmal einer der »Evangelikalen Pastoren« mir: »Nirgends kommt der Teufel so verdeckt, wie in der Evange-Lischen Familien-Bildungsstätte.« Er meinte damit vor allem Kurse zum »Autogenen Training«. Ich habe damals darüber gelacht. Wo, in den Augen dieser Menschen doch überall der Teufel sitzt!

Trotzdem empfinde ich mich oft als »Ungläubige«. Ich habe im Bibelkreis gelernt, die Texte des Neuen Testaments zu deuten, zu übersetzen. Das war wichtig und gut. Vieles hat mich überzeugt. Aber vieles kannte ich aus der »Humanistischen Psychologie«. »Liebet Eure Feinde«, schien mir zunächst ein unmöglicher Anspruch. Feinde lieben? Als ich begriff, dass ich sie nicht lieben muss. Ihre Art zu leben, zu denken, zu reden ist nicht meine.

Trotzdem kann ich sie anhören, mit ihnen reden, muss sie nicht gleich verurteilen. Bei Boshaftigkeit, Menschenverachtung oder gar Mördern, ist das schwer. *»Lass andere Art doch gelten, selbst dann, wenn sie dich quält, gar oft ist was wir schelten, grad'was uns selber fehlt.«* Als meine verstorbene Freundin Ingrid Markgraf mir sagte, sie wolle jetzt eine rechtsradikale Gruppe von Hooligans besuchen und mit ihnen reden, war ich entsetzt. Sie hatte dann ein gutes Gespräch mit den jungen Menschen. Wahrscheinlich (hoffentlich) wäre auch ein Umgang mit der AFD so leichter, wenn wir nicht gleich ein fertiges Urteil parat hätten.

Hin und wieder gehe ich in einen Gottesdienst. Meist im Rheinland in eine kleine Dorfkirche. Eine Diaspora-Gemeinde. Die große katholische Kirche steht dicht daneben. Dort finde ich mehr von dem, was ich suche. Da wird Gemeinde gelebt. Als wir neu in diese Gemeinde kamen, wurden wir sofort herzlich, wertschätzend aufgenommen. Nach jedem Gottesdienst gibt es eine Einladung zum Gespräch um einen runden Tisch. Die Predigten des Pastors begeistern mich. Sie sind lebensnah und offen. Er schickt mir, und natürlich auch anderen, den Text seiner Predigten per Mail nach Hause. Nicht immer, aber oft lese ich sie dann. Die Inhalte prägen sich mir besser ein. Ich dachte sogar zeitweilig daran, mit diesen Texten einen kleinen Bibelkreis zu gründen.

In meiner Gemeinde in Neumünster fühle ich mich fremd. Dort gibt es vor allem Cliquen. Bei Gemeindefesten finden sich diese Gruppen sofort an einem Tisch zusammen. Eintritt verboten! Auch hier sind die Predigten einer Pastorin so, dass ich gerne und aufmerksam zuhöre. Aber ein Austausch darüber findet nicht statt. Ich frage mich oft, ob sich Pastorinnen und Pastoren nach einem Gottesdienst nicht sehr allein fühlen. Sie wissen nicht, wer ihnen zugehört hat, was von ihren Worten bei den Menschen angekommen ist. Beim Herausgehen aus der Kirche und dem üblichen Händeschütteln sage ich meist: Danke, und füge einen kleinen positiven Satz dazu. Wollen sie das überhaupt hören? Auch das weiß ich nicht.

Vor einigen Jahren habe ich einer Pastorin mein Buch »Schattenlicht« geschenkt. Von ihr kam nicht ein einziges Wort als Reaktion. Was für ein Kontrast zu den vielen liebevollen oder kritischen Briefen. Dann frage ich mich, sind die Predigten hohles Gerede an den alten Texten ausgerichtet? Wie stark ist ihr Glaube? Glaube muss doch zwangsläufig auch immer Zweifeln ausgeliefert sein. Fehlt es vielleicht hier an emotionaler Intelligenz? Was ist mit Gesprächen an Krankenbetten, bei Sterbenden, bei Trauerandachten, Taufen und anderen Amtshandlungen. Ich habe da wenig Erfahrung. Bei so viel Latein, Griechisch, Hebräisch und Textauslegung bleibt da anderes auf der Strecke? Menschen brauchen vor allem Wertschätzung und Liebe. Können Predigten das geben? Predigten, Gottesdienste wurden mir von den Pastoren und Pastorinnen immer als das »Eigentliche«, dass Wichtigste, das Kirche zu geben hat, dargestellt. Ja, Gottesdienste sind Orte, in denen Menschen zusammen kommen und hören. Eine Gemeinschaft bilden. Entscheidend ist und muss auch sein, dass sich Menschen dort willkommen fühlen, angenommen sind und Gemeinschaft entsteht und gelebt wird.
Familien-Bildungsstätten und andere Orte rangierten in der Meinung aller Pastorinnen und Pastoren weit danach.
Kirchensteuern sind für diese Einrichtungen eigentlich zu schade. Sie kosten nur und bringen der Kirche wenig. Aber gerade an

diesen Orten passiert oft das, was das Leben schön und wichtig macht.

Die z. B. verpönten Koch- und Nähkurse bringen Menschen ins Gespräch, da kommen gute Gespräche und Erfahrungsaustausch zum Tragen. Da passiert Wertschätzung. »Kannst Du mir dieses Rezept geben?« »Ach, so machst Du das? Das möchte ich auch lernen.« Sie meinen vielleicht: »Was bedeutet das schon?« Für die Frauen der 80er und 90er Jahre, in der Regel Familienfrauen, »Hausfrauen«, waren solche Gespräche, Anerkennung, Gemeinschaft. Viele dieser Einrichtungen sind bereits geschlossen. Was für ein massiver Fehler der Nordelbischen Kirche, der Kirchenkreise, Kirchengemeinden.

Was ist ein Gottesdienst ohne Liebe und Wertschätzung der Menschen, die da sitzen und hören und danach nach Hause gehen und Mittagessen. Auch Pastorinnen und Pastoren sind Menschen, mit allen Fehlern und Schwächen, die wir Menschen nur einmal haben. Vielleicht ist das, das Dilemma, in dem sie leben: Sie sollen Vorbild immer sein! Ein Pastor sagte mir einmal: »Wissen Sie, zwischen mir dem Pastor und dem Mann, der ich bin, gibt es oft einen Zwiespalt. Es ist oft schwer, damit umzugehen.«

Ich bin eine zweifelnde, oft ungläubige Christin. Das Buch von Margot Käßmann hat mich dazu angeregt, noch einmal intensiver darüber nachzudenken. Dafür danke ich ihr. Denn oft beneide ich Menschen, die fest in ihrem Glauben stehen.

In der kleinen Kirchengemeinde im Rheinland haben wir, als wir an der Weihnachtsfeier teilnahmen, einen Kalender 2019 »Erste Herrnhuter Losungen« geschenkt bekommen. Ich lese die einzelnen Kalenderblätter fast jeden Tag. Täglich ein Text aus dem Neuen Testament. Ich finde folgenden Text: »Das Evangelium ist eine gute Nachricht. Das Evangelium ist kein Konzept, das neue Ideen braucht, sondern eine Geschichte, die neu erzählt werden muss. So ist es.«

Ich bin der gleichen Meinung: So ist es. Vor vielen Jahren habe ich eine Kur in Königsstein im Schwarzwald gemacht. Ich nahm dort an den Gottesdiensten der Herrnhuter Gemeinde teil. Dort fand ich, was ich suchte, freundliche, zugewandte Aufnahme, die Predigten waren zeitgemäß, glaubwürdig, die Worte strömten vom Kopf in mein Herz. Beglückt verließ ich nach jedem Gottesdienst das Haus. In der kleinen Gemeinde im Rheinland erlebe ich oft Ähnliches. Die Botschaft Jesu Christi bedarf einer zeitgemäßen Deutung und Sprache. Dann müsste die Kirche sich nicht auf dem Titelblatt des Magazins »Der Spiegel« sagen lassen: »Wer glaubt denn so was?« Allüberall würden nicht Nachrichten verkündet, dass die Kirchenmitglieder sich bis 2040 halbiert haben werden. Viele, viele Menschen sind auf der Suche. Ihre Kirche hilft ihnen meist nicht dabei. Stattdessen macht der Missbrauch von Macht an Kindern die Runde. Ich komme trotzdem nie auf den Gedanken, aus meiner Kirche auszutreten. Auch nachdem ich noch einmal über meinen Glauben nachgedacht habe. Ich habe das Gefühl, mir würde dann ein Boden unter den Füßen weggezogen. Besonders im Alter kann der Glaube Halt und Zuversicht sein.

Weil es an dieser Stelle gut passt, folgen diese Geschichte und ein Predigttext, den ich für sehr wertvoll halte:

Jahreslosung 2020

»Ich glaube, hilf meinem Unglauben«

Predigt Pastor Dr. Christian Jung, gehalten am Neujahrstag 2020 in der Evangelischen Kirche in Hennef-Uckerath.

Im Schatten einer großen katholischen Kirche duckt sich die kleine evangelische Kirche in Uckerath bescheiden in den Hintergrund. In den Nachkriegsjahren erbaut, ist sie modern und und schlicht. Sie entspricht deshalb wohl mehr meinen Bedürfnissen. Sie erdrückt mich nicht. Einem Kirchraum mit wunderbaren blauen Kirchenfenstern schließt sich ein Gemeinderaum an. In diesem Raum findet nach jedem Gottesdienst eine kleine Kaffeestunde statt. Zeit für Gespräche der Gemeindeglieder, auch mit dem Pastor oder der Pastorinn. Da ist Platz für Gespräche über die Predigt. Ich bin nur selten in dieser Kirche. Ich bin Besuch, denn ich wohne ja hauptsächlich in Schleswig-Holstein.

Gleich bei unserer ersten Teilnahme an einem Gottesdienst wurden wir sehr herzlich und persönlich aufgenommen. Wie wohltuend. Keine geschlossenen Gesellschaften. Dieser bescheidene Ort ist erfüllt mit Wärme und Wertschätzung.

Dort predigt **Pastor Dr. Christian Jung,** ein eher junger Pastor. Er erzählt mir, dass er an seiner Habilitation arbeitet. Leider bleibt neben der Gemeindearbeit wenig Zeit, sagt er.

Seine Predigten erfüllen mich, tun mir gut. Ich höre gebannt zu. Mein Eindruck ist, dass auch die Gemeindeglieder dies tun. Eltern mit ihren Kindern, Jugendliche, Ältere und Alte sind anwesend. Der Raum ist gut gefüllt.

Auf Wunsch schickt Pastor Jung den Predigttext per Mail zu. Deshalb kann ich auch ohne Kirchenbesuch teilhaben. Den Text einer Predigt zum Neujahrstag darf ich Ihnen schenken. Pastor Jung hat es gestattet. Er nimmt die Jahreslosung 2020 auf (Markus-Evangelium, Kapitel 9, Verse 14 – 27) *»Ich glaube, hilf meinem Unglauben«*. Dieser Text nimmt meine Zweifel und Hoffnungen auf, die, wie ich in Gesprächen erfahre, auch die Hoffnungen und Zweifel anderer Menschen sind. Ich hoffe, dass der Text auch Ihnen guttut.

<u>Vor der Predigt wurde folgender Lesungstext vorgetragen:</u>
Die heutige Lesung steht im Markus-Evangelium, Kapitel 9, Verse 14-27: Und sie kamen zu den Jüngern und sahen eine große Menge um sie herum und Schriftgelehrte, die mit ihnen stritten. Und sobald die Menge ihn sah, entsetzten sich alle, liefen herbei und grüßten ihn. Und er fragte sie: Was streitet ihr mit ihnen? Einer aber aus der Menge antwortete: Meister, ich habe meinen Sohn hergebracht zu dir, der hat einen sprachlosen Geist. Und wo er ihn erwischt, reißt er ihn zu Boden; und er hat Schaum vor dem Mund und knirscht mit den Zähnen und wird starr. Und ich habe mit deinen Jüngern geredet, dass sie ihn austreiben sollen, und sie konnten's nicht. Er antwortete ihnen aber und sprach: O du ungläubiges Geschlecht, wie lange soll ich bei euch sein? Wie lange soll ich euch ertragen? Bringt ihn her zu mir! Und sie brachten ihn zu ihm. Und sogleich, als ihn der Geist sah, riss er ihn hin und her. Und er fiel auf die Erde, wälzte sich und hatte Schaum vor dem Mund. Und Jesus fragte seinen Vater: Wie lange ist's, dass ihm das widerfährt? Er sprach: Von Kind auf. Und oft hat er ihn ins Feuer und ins Wasser geworfen, dass er ihn umbrächte. Wenn du aber etwas kannst, so erbarme dich unser

und hilf uns! Jesus aber sprach zu ihm: Du sagst: Wenn du kannst! Alle Dinge sind möglich dem, der da glaubt. Sogleich schrie der Vater des Kindes: Ich glaube; hilf meinem Unglauben! Als nun Jesus sah, dass die Menge zusammenlief, bedrohte er den unreinen Geist und sprach zu ihm: Du sprachloser und tauber Geist, ich gebiete dir: Fahre von ihm aus und fahre nicht mehr in ihn hinein! Da schrie er und riss ihn heftig hin und her und fuhr aus. Und er lag da wie tot, sodass alle sagten: Er ist tot. Jesus aber ergriff seine Hand und richtete ihn auf, und er stand auf.

Wieder und wieder passiert es: Der Junge fällt zu Boden, wie geschüttelt von einer fremden Macht verkrampft er sich, an den bläulichen Lippen bildet sich Schaum, und schließlich liegt er so starr da, als sei er tot. Hilflos steht der Vater daneben. Etwas Schlimmeres gibt es wohl kaum, als das eigene Kind so leiden zu sehen. Wo andere unbefangen herumtollen, muss sein.

Sohn immer vorsichtig sein. Ständig ist jemand in seiner Nähe, um ihn zu schützen, damit er sich nicht selbst in Lebensgefahr bringt. Was haben die Eltern wohl schon alles versucht? Von einem Arzt sind sie zum nächsten gelaufen. Gespannt und erwartungsvoll sind sie zu jedem gegangen, von dem es hieß, er könne Wunder bewirken, er könne sogar dieser unheimlichen Macht Einhalt gebieten. Doch jedes Mal sind sie enttäuscht wieder nach Hause zurückgekehrt. Nichts und niemand hat dem Jungen geholfen. Und doch: Es ist die Hoffnung, die zuletzt stirbt. Es muss irgendwo Heilung geben! Nur wo? Jetzt steht der Vater vor Jesus und erzählt ihm von seinem Kind, das immer wieder zu Boden fällt.»Ich habe schon die gefragt, die mit dir unterwegs sind«, sagt er, und seine Stimme klingt resigniert.»Aber auch sie konnten ihm nicht helfen.« Jesus scheint verärgert über seine machtlosen Jünger zu sein. Als hätten sie immer noch nicht verstanden, was der Himmel bewirken kann. Unwirsch sagt er dem Vater, er solle seinen Sohn herbeiholen.

Und gleich scheint die fremde Macht zeigen zu wollen, was in ihr steckt. Sie reißt das Kind zu Boden und schüttelt es durch. Der Vater erzählt von all den Jahren, in denen er hilflos daneben gestanden hat, von Wasser und Feuer, in die das Kind schon gefallen ist, von der Angst, dass die Krankheit es schließlich umbringen wird. »Wenn Du etwas vermagst«, fleht er, »so erbarme dich unser und hilf uns!« Und dann? Eine harte Antwort muss er sich anhören: »Wenn du kannst!«, wiederholt Jesus gereizt. Als sei er gekränkt von diesem besorgten Vater. Vorwurfsvoll klingt es, wenn er sagt: »Alle Dinge sind möglich dem, der da glaubt!« Da löst sich in dem Vater, was sich all die Jahre angestaut hat, seine Hoffnung und die Enttäuschung, sein Vertrauen und die Skepsis, seine Liebe und seine Angst und Verzweiflung. Das ganze Hin- und Her brüllt der Vater heraus, nein, da gibt es kein Entweder-oder, alles streitet zugleich in ihm. »Ich glaube, hilf meinem Unglauben!«, schreit er. Und endlich, endlich geschieht etwas. Jesus gebietet der unheimlichen Macht, den Jungen in Ruhe zu lassen. Die bäumt sich ein letztes Mal auf und verschwindet. Und der Junge liegt still da. Wie tot. Entsetzt schauen die, die um ihn herumstehen, sich an. Doch Jesus tut einen zweiten Schritt: Er ergreift die Hand des Kindes und richtet es auf. (Entnommen aus Tina Willms, Im Glauben: Zweifel – Im Zweifel: Glauben. Inspirationen zur Jahreslosung und den Monatssprüchen 2020)

Liebe Gemeinde,

aus dieser Geschichte, die wir bereits in der Lesung gehört haben, stammt die diesjährige Jahreslosung, also der Bibelvers, der uns durch das Jahr 2020 begleiten soll. »Ich glaube, hilf meinem Unglauben!«, heißt er. Ein Vers, der aus dem Mund eines verzweifelten Vaters stammt, der aus tiefer Sorge um sein Kind alles hofft und glaubt und zugleich nichts mehr hoffen und glauben kann. Ich für meinen Teil finde diese Jahreslosung großartig. Ich finde sie großartig, weil sie ganz offen und ehrlich zur Sprache bringt, wie ambivalent und unsicher unser Leben ist. Es gibt dort eben immer schon beides: die Hoffnung und die Hoffnungslosigkeit, die Zuversicht und die Angst. Es gibt dort eben immer schon beides: den Glauben und den Unglauben. Und jeder, der etwas anderes behauptet, kommt mir irgendwie suspekt vor. Mir kommen z.B. die hochgradig Gläubigen suspekt vor, diejenigen, die ihren Glauben mit einer übergroßen Selbstsicherheit zur Schau tragen und von Gott als einer unzweifelhaften Wahrheit reden. Und genauso kommen mir die hochgradig Ungläubigen suspekt vor ... diejenigen, die mit einer ebenso großen Selbstsicherheit annehmen, dass es überhaupt nichts zu glauben gäbe, dass es nur das gäbe, was vor Augen steht, die plumpe materielle Welt. Ja, beide Gruppen, die immerzu Gläubigen und die immerzu Ungläubigen kommen mir irgendwie suspekt vor. Meiner Einsicht nach fliehen sie nämlich vor der eigentlichen Härte des Daseins. Sie fliehen davor, dass wir Menschen immer schon in einem Riss leben ... zwischen Glauben und Unglauben, zwischen Hoffnung und Angst ... und dass niemand von uns aus diesem Riss entkommen kann.

Die Frage ist nur: Können wir uns aus dieser Geschichte aus dem Markusevangelium trotzdem etwas mitnehmen, mitnehmen in das neue Jahr? Drei Gedanken sind mir in der Vorbereitung wichtig geworden:

Erstens können wir aus dieser Geschichte mitnehmen, dass es im Angesicht der Unsicherheiten unseres Lebens gar nicht darum geht, mit einer übergroßen Sicherheit aufzutreten. Es geht vielmehr darum, zu den eigenen Unsicherheiten zu stehen. Ja, die ungeheure Stärke des beschriebenen Vaters besteht doch gerade darin, dass er sich aus Liebe zu seinem Sohn in seiner ganzen Verletzlichkeit und Schwäche zeigt, dass er einfach nur bekennt, dass er dieses Leben nicht im Griff hat, angewiesen ist. Ja, darin könnte am Ende aller Tage die größte Stärke liegen, seine eigene Schwäche in Worte fassen zu können. Wie heißt es z.b. in einer Liedzeile des deutschsprachigen Songwriters Niels Frevert: »Ich saß im Wohnwagen einer Wahrsagerin. Sie las in meinen Handinnenflächen und sie sagte: Man wird für seine Stärken bewundert … aber geliebt, geliebt wird man für seine Schwächen.«

Zweitens können wir uns aus der gerade gehörten Geschichte mitnehmen, dass die Begleitung Gottes, nicht an den uneinge-schränkten Glauben eines Menschen, gebunden ist. Jesus ist für den Vater da, trotz seiner vermeintlichen Zweifel. Ja, das ist ganz wichtig. Die Voraussetzung für die Anwesenheit Jesu, für seine Aufmerksamkeit und Hilfe, ist nicht der uneingeschränkte Glaube des Vaters. Die unbedingte Voraussetzung für die Anwesenheit Jesu, für seine Aufmerksamkeit und Hilfe ist vielmehr, das verzweifelte Ringen des Vaters um diesen Glauben, das unbedingte Wissen um die Hoffnungslosigkeit und das gleichzeitige Festhalten an der Hoffnung.

Und dann lehrt uns die diesjährige Jahreslosung, dass Gott uns trotz allen Glaubens oder Unglaubens retten kann, an jedem Ort, zu jeder Zeit, unerwartet und geheimnisvoll, von oben her … wie ein Blitz. Diese Rettung mag nicht immer dem entsprechen, was wir uns unter einer Rettung vorstellen, sie sprengt nämlich unsere Ordnungen und Vorstellungen. Sie führt uns geradewegs in die Gegenwart des Außerordentlichen … aber diese Rettung ist möglich, immer und überall.

Liebe Gemeinde,
ich wünsche uns, dass uns diese Jahreslosung »Ich glaube, hilf meinem Unglauben.¡ durch das neue Jahr begleitet. Ich wünsche uns, dass sie uns dabei hilft … sowohl mutig zu unserem Glauben als auch mutig zu unserem Unglauben zu stehen, ja unseren Unglauben vielleicht sogar als ein Zeichen unseres Glaubens und unseren Glauben vielleicht sogar als ein Zeichen unseres Unglaubens zu verstehen. Und dann wünsche ich uns, dass wir im Angesicht der Ambivalenz, der Zerrissenheit unseres Lebens auch im neuen Jahr die Erfahrung machen dürfen, dass Gott kommt – ganz plötzlich und unerwartet – um uns aufzurichten, wie auch immer dieses Aufrichten aussehen mag.

Und der Friede Gottes, der höher ist alle Vernunft, der bewahre unsere Herzen und Sinne in Christus Jesus unserem Herrn, Amen.

Jetzt zu Bronnie Ware

Über »5 Dinge, die Sterbende am meisten bereuen« beschreibt Bronnie Ware in ihrem Buch. Sie hat sie von Sterbenden und Schwerkranken in ihrer Hospiz-Arbeit erfahren und aufgezeichnet. Sie nennt sie Versäumnisse, die Menschen so geäußert haben.

Ich möchte sie hier aufführen.

Versäumnis Nr. 1:
Ich wünschte, ich hätte den Mut gehabt, mir selbst treu zu bleiben, statt so zu leben, wie andere es von mir erwarten.

Versäumnis Nr. 2:
Ich wünschte, ich hätte nicht so viel gearbeitet.

Versäumnis Nr 3:
Ich wünschte, ich hätte den Mut gehabt, meinen Gefühlen Ausdruck zu verleihen.

Versäumnis Nr. 4:
Ich wünschte, ich hätte Kontakt zu meinen Freunden gehalten.

Versäumnis Nr. 5:
Ich wünschte, ich hätte mir mehr Freude gegönnt.

Ich will die genannten Versäumnisse für mich überprüfen, nach Antworten suchen. Noch habe ich Zeit, um diese Versäumnisse aufzuarbeiten. Das macht das Buch für mich so wertvoll.

Versäumnis Nr. 1:

Ich wünschte, ich hätte den Mut gehabt, mir selbst treu zu bleiben, statt so zu leben, wie andere es von mir erwarteten.

Ich bin mit dem Satz meines Vaters aufgewachsen: »Du heiratest ja doch!« Damit hat er verhindert, dass ich ein Gymnasium besuchte und studierte. Selbst die Realschule wollte er verhindern mit dem Satz: »Du kannst ja später noch die Handelsschule besuchen.« Die Realschule habe ich durchgesetzt. Ich ging drei Kilometer zu Fuß zur Schule, weil ich dann 10 Pfennig bei der Straßenbahnfahrt gespart habe. Das Schulgeld von 10 Mark habe ich ihm abgerungen. Dafür musste ich dann die 1. Klasse der Realschule überspringen. Mir fehlten damit ein Jahr Englisch und die lateinischen Begriffe der Grammatik. Ich kannte z. B. nur Tuwörter statt Verben. Ich kam von einer einklassigen Dorfschule. Allerdings hat der unterrichtende Lehrer mich damals gefördert. Nach der Realschule mit mittelmäßigem Abschluss habe ich also zunächst als Stenotypistin, dann als Sekretärin gearbeitet. »Büro ist gut, da kannst Du für Deine Aussteuer sparen.« O-Ton meines Vaters.

Aber ich hatte Glück, auch dieser Beruf hat mir Freude gemacht. Ich landete nach einer 1 1/2-jährigen Anlernzeit im Stadtplanungsamt der Stadt Duisburg. Die Arbeit mit Architekten und technischen Zeichnern war für die 19-jährige eine Freude. Dort fand neben Anerkennung vor allem auch Geschmacksbildung für mich statt. Von 1971-1974 habe ich dann Sozialpädagogik studiert. Die Zeiten hatten sich mittlerweile geändert. Meine Eltern unterstützten mich dabei. Sie hüteten während meiner Abwesenheiten meine Kinder. In meinen verschiedenen, dann folgenden Berufen habe immer sehr gern gearbeitet. Ich war Fachberaterin für Kindertagesstätten der Stadt Duisburg, Leiterin der Evangelischen Familien-Bildungsstätte Neumünster, Supervisorin, Urlaubsvertretung in Mütterkurheimen, jetzt bin Ehrenamtliche im Seniorenbüro. Ich bin meinen Weg gegangen, gehe ihn. Ich habe gelernt, mich anzunehmen, mir treu zu bleiben. Das war nicht immer leicht, auch nicht bei den häufigen politischen Gesprächen mit meinem Mann.

Versäumnis Nr. 2:
Ich wünschte, ich hätte nicht so viel gearbeitet.
Das ist leicht zu beantworten. Ich habe immer gerne gearbeitet. Arbeiten, die ich ungern mache, habe ich an andere abgegeben. Unser Haus wird von einer Frau sauber gemacht, die nach über 30 Jahren schon fast zur Familie gehört. Den Garten macht mein Mann mit Hilfe eines Landschaftsgärtners. Er und seine Familie sind uns ans Herz gewachsen. Es sind Deutsche aus Russland. Einer der Söhne, Jonas, ist erst mit neun Jahren in Deutschland angekommen. Er spricht perfekt Deutsch, ist seinen Weg bisher gegangen und er wird ihn weitergehen.

Versäumnis Nr 3:
Ich wünschte, ich hätte den Mut gehabt, meinen Gefühlen Ausdruck zu verleihen.
Vom Dampfdruckkochtopf, den ich in meinem ersten Buch beschreibe, habe ich Abschied genommen. Ich neigte dazu – vor allem negative Gefühle – zu sammeln, und sie dann in geballter Ladung auf Menschen loszulassen. Ich habe gelernt, rechtzeitig meine Gefühle, seien sie negativer oder positiver Art, an Mann, Frau oder Kind zu äußern. Das war ein langer Lernprozess.

Manchmal gibt es noch Rückfälle. Positive Gefühle zu äußern, fällt mir leichter, als negative Gefühle laut auszusprechen. Ich lerne, zu schweigen.

Versäumnis 4:
Ich wünschte, ich hätte mehr Kontakt zu meinen Freunden gehalten.

Ich bin keine gute Kontakterin. Ich lasse lieber anrufen, ich lasse lieber Geburtstagsgrüße und anderes schreiben. Ich habe allerdings ein sehr lebendiges Korrektiv. Mein Mann ist mein schlechtes Gewissen, mein Erinnerer und Mahner. Da will ich noch dazu lernen. Es ist nie zu spät. Ich werde heute noch meine älteste Freundin anrufen.

Versäumnis Nr. 5:
Ich wünschte, ich hätte mir Freude gegönnt.

Auch das mir Freude gönnen habe ich gelernt. Aber Freude ist etwas sehr Individuelles. Was ist Freude für Sie, für mich? Ein Spaziergang an der Ost- oder Nordsee mit meinem Mann, die Begegnung mit Kindern und Enkelkindern, gute Gespräche mit Freunden, eine kleine Reise, sind oft Freude und Glück. Auch ein schönes, neues Kleidungsstück, in dem ich mir gefalle, ist Freude. Ich gönne es mir. Freude hat mir mein Beruf gemacht. Erwachsenenbildung war und ist für mich erfüllend. Menschen, die freiwillig und gerne kommen, Menschen, die etwas lernen möchten, Menschen die Gemeinschaft suchen und finden. Gute, hilfreiche Gespräche, wie auch ich sie erfahren habe, das ist Aufatmen, Zufriedenheit, Freude. Da gibt es Glücksmomente. Es gab und gibt viele davon. Aber es gab auch viel Trauer und

Verzweiflung, Hadern mit meinem Schicksal. Der Tod meines Sohnes, Untreue, Verrat. Beides gehört genau zu meinem Leben. Trotz allem schaue ich auf mein Leben und denke, es gab Höhen und Tiefen, es gab viel Trauer, viel Liebe, Glücksmomente und Augenblicke tiefster Verzweiflung. Ich kann zurückblicken und hadere nicht. Manchmal denke, ich habe und hatte doch ein sehr gutes Leben. Sofort danach kommt der Gedanke: Und Peter? Das ist und bleibt eine unheilbare Wunde.

So hat mir das Buch von Bronnie Ware noch einmal einen Rückblick auf mein Leben beschert. Empfohlen hat mir dieses Buch eine Tischnachbarin Nicole Markgraf. Sie war meine Tischnachbarin bei einer Geburtstagsfeier.
Ein drittes Buch ist mir noch zufällig in die Hände gefallen. Es steht seit vielen Jahren in meinem Bücherregal. Verena Kast: TRAUERN – Phasen und Chancen des psychischen Prozesses. Ich habe es in den 80er Jahren trauernden Freundinnen und Freunden geschenkt. Als Peter starb, habe ich an dieses Buch nicht gedacht. Ich schlage es auf und lese das Vorwort:

Mit all den Herzen,
den bereits begrab'nen die mich liebten
Kälte zwischen dunklen Qualen -
fühl'ich mich ein wenig begraben.
(Juan Ramón Jime'nez)

Verena Kast beschreibt dann die verschiedenen Phasen, die Menschen beim Trauern durchleben. Ich finde mich nicht wieder. Damals leuchtete mir das Buch ein. Deshalb habe ich es auch verschenkt.

Alltagsgeschichten einer 82-Jährigen

Alte Kameraden

Manfred, der Mann in meinem Leben, war einst Soldat. Er durfte früh die Bundeswehr verlassen. Er war erst 48 Jahre alt. Danach war der Diplom-Pädagoge als Unternehmens- oder Institutionsberater noch in aller Welt unterwegs. Soldat ist er geblieben. Seine Zeit als Soldat ist allgegenwärtig. Wir treffen die alten Kameraden in Hamburg in einem schönen Hotel oberhalb des Hafens. Neun Männer und vier Frauen, Ehefrauen oder Begleiterinnen. Manfred hat das Treffen vorbereitet. Ein kleiner Empfang, ein schönes Essen, lebhafte, vertraute Gespräche und danach noch die Turmbar, mit Blick über den Hafen. Ich fühle mich wohl. Ein guter, vertrauter Abend. Am nächsten Tag Besuch der Helmut-Schmidt-Universität. Die alten Kameraden hatten dort ihre Offiziersausbildung. Eine Hochschule war das damals noch nicht. Ein schöner, begabter, weiblicher junger Leutnant empfängt uns an der Pforte. Ihr Chef, ein Oberst, kommt bald dazu. Ein honoriger Empfang. Die ehemaligen Wohnräume der Männer sind jetzt Büros. Mein vorlauter Manfred ruft in die Tür:»Na, wie schläft es sich denn hier?« Ein Gang über den Campus der Universität. Altes und Neues scheint gut verbunden. Ein großer Tag für die Studierenden, Solidaritätsläufe sind angesagt. Wir durften trotzdem kommen. Wir beobachten einen»Bambinolauf«. Stehen am Rand und rufen:»Lauf, lauf, lauf«. Die Kleinen scheinen danach zu fliegen, heben vom Boden ab. In mir breitet sich Freude aus.

Essen in der Mensa, Gespräche mit den jungen Studierenden. Die jungen Männer erzählen von guter Kameradschaft. Jeder, jede bewohnt ein Zimmer in einem Block. Sie bekommen schon ein Gehalt. Das Essen schmeckt und ist gesund. Salat, Gemüsesuppen, auch Fleisch und Kartoffeln. Am Sonntag steht ein »Tag der Offenen Tür« an. Sogar der Generalinspekteur ist ein Mann zum Anfassen. Er isst eine Wurst aus der Hand. Für 3 Euro (Gruppenkarten) schippern und fahren wir weiter durch Hamburg. Abendessen auf einem Ponton-Restaurant. Ein Gefühl, fast wie auf einem Schiff, es schaukelt so schön. Ein feines, nicht gerade preiswertes Restaurant, sogar mit »Amuse gueule«. Wieder gute Gespräche über Gott und die Welt, die Politik kommt auch nicht zu kurz, eher konservativ im guten Sinne. Ich fühle mich wohl. Noch eine Nacht und ein Tag. Eine der Frauen, eine Hamburgerin, macht eine Stadtführung. Auf den Rathausplatz strömen Kinder, Jugendliche und auch ein paar Erwachsene. »Fridays for future«. Der Platz ist rappelvoll. Wie viele mögen es sein? Wir nehmen einen kleinen Imbiss unter den Arkaden. Mokka, Wasser, mit Walnüssen gefüllte Datteln. Einige Männer waren inzwischen am Grab eines Kameraden in Uelzen. Um 15.00 Uhr treffen wir uns wieder zu einem Kaffee auf der Terrasse des Hotels. Abschied ist angesagt.

Für mich drei erfüllte, gute Tage.

Auf dem Gütchen

14 Tage auf dem Hof des Sohnes. Die Schwiegertochter, den
Sohn und das Enkelkind besuchen. Unser kleines Häuschen er-
wartet uns mit geputzten Fenstern. Weites Land, wellig, helles
Grün allüberall. Das Siebengebirge im Blick. Das Herz wird weit.
Auch ein zu Hause. Ein Haus aus dem Jahr 1745. Eine umgebaute Scheune. Erst einmal die grüne Scheunentür öffnen. Die
Sprossenfenster lassen Licht und Sonne herein. Spinnenweben
und getrocknete Blätter fegen, verfangen zwischen Fenstern und
Tür. Wir begrüßen das Enkelkind und die Schwiegertochter. Der
kleine Mann geht über Tisch und Bänke. Ein Wildfang. Keine
Treppe scheint zu hoch. Mir wird angst und bange. Den Eltern,
scheint es anders zu gehen. Ich bin alt. Schade. Mara erwartet ein
zweites Kind. Eine Tochter. Wie lange werde ich sie noch
aufwachsen sehen? Am Wochenende kommen Eltern und Verwandte der Schwiegertochter. Kurdische Familien, die schon
lange in Deutschland leben. Studierte Menschen und Geschäftsleute. Die Mutter kocht türkisch. Wir sind eingeladen. Es
schmeckt vorzüglich. Wir kennen uns bisher noch nicht so gut.
Treffen sind eher selten. Trotzdem stellt sich Vertrautheit ein.
Der Vater macht mit uns einen langen Spaziergang. Erstaunlich
wie schnell ein gutes Gespräch in Gang kommt. An Wochenenden klopft der Sohn an unser Fenster. Sein Kind auf den
Schultern. Fragt, ob ich mitgehen möchte auf einen Spaziergang.
Es geht auf und ab. Mittelgebirgig. Das Tempo ist schnell. Ich
halte mit. Wie schön, dass ich es noch kann. Manchmal klopft er
abends an die Tür. Wir spielen Scrabble. Sieg und Niederlage
wechseln sich ab. Noch kann ich mithalten.

Wir treffen Freunde, essen Spargel miteinander. Andere Freunde kommen uns besuchen. Wir gehen gemeinsam zum Mittagessen zu einem sehr guten Italiener. 14 Tage erfüllt mit guten Gesprächen, Nähe und Wertschätzung. Der Abschied fällt nicht leicht.

Wieder zu Hause

Schon morgens um acht Uhr zeigt das Thermometer 20°. Wir machen erst einmal unsere Runde. Eine Stunde gehen wir flotten Schrittes. Allee, Friedhof, an den Gräbern unserer Altvorderen vorbei, vorbei am Gedenkstein für meinen toten Sohn. Dann ein Stückchen Straße, einbiegen in einem Weg zwischen Bäumen. Es duftet nach Linden, Birken stehen stramm. Vögel zwitschern laut und hell. Wir begegnen einer Frau mit Hund und einem Radfahrer. Auch früh unterwegs. Der Wind hat sich entschlossen, in seinem Haus zu bleiben. Windstille. Stille. Manfred hat das Frühstück schon vorbereitet. Wir decken auf der Terrasse den Tisch. Rührei mit Schinken, Vollkornbrot und Müslibrot (neu bei unserem Bäcker mit Nüssen, Trockenpflaumen und anderem mehr), selbstgemachte Marmelade aus Pflaumen mit Bitterschokolade, Krümelquark, Milchkaffee. Für Manfred kommt noch Lachs und Schichtkäse dazu. Zwei Nektarinen habe ich auch aufgeschnitten. Ist das Glück? Der Garten ist grün, die Luft ist warm, eine Amsel fliegt durch den Garten, Spatzen tschilpen. Reden und Schweigen. Lesen in der Sonntagsbeilage unserer Zeitung. Stefan Richter schreibt über Wohnungsnot in den Ballungszentren der Großstädte, beklagt die Vernachlässigung dörflicher Strukturen.

Wir leben in einer Mittelstadt. Das Leben hier ist so lebenswert. Aber ich mache mir auch Sorgen um diese Stadt. Natürlich gibt es manches zu beklagen. Autos strömen ungehindert durch die

Innenstadt, die doch Flanier- und Einkaufsmeile sein sollte. Die so genannte Fahrradstadt Neumünster, ist für mich als ständige Fahrradfahrerin oft lebensgefährlich. Trotzdem, ich weiß wie gut es für mich ist, in dieser Stadt zu leben. Ein schönes Haus, gute Nachbarschaft, Ruhe vor dem Autoverkehr, um nur einiges zu nennen. Altersliebe zwischen Manfred und mir. Kleine Gesten und Berührungen. Meist liebevoller Umgang miteinander. Streiten können wir auch. Frühstück im Garten. Glücksmomente.

Bronchitis, Enkelkinder und Gesundung

Alle paar Jahre bekomme ich eine Erkältung. Es fängt damit an, dass mein Hals kratzt. Es folgt Schnupfen. Danach reagieren meine Bronchien mit Luftnot, Husten und Auswurf. So auch dieses Jahr. Ein ungeeigneter Zeitpunkt. Enkelkinder werden uns besuchen. Zuerst kommt Bennie, fast 18 Jahre, für 5 Tage, dann über ein verlängertes Wochenende folgt Janne, 23 Jahre. Sie hat gerade ihre Masterarbeit abgegeben. Während Bennies Besuch geht es mir so schlecht, dass ich das Bett hüten muss und der Arzt einen Hausbesuch macht. Er verschreibt Antibiotika und einen Hustenlöser. Der Enkel empfiehlt mir ein Beatmungsgerät. Manfred besorgt alles. Mein Zustand bessert sich bald. Die Reise nach Helgoland kann ich trotzdem nicht mitmachen. Ben kommt immer wieder an mein Bett. Ich empfehle Abstand. Am Wochenende kommt Anne und ich bin schon fast wieder auf den Beinen. Natürlich müssen wir shoppen. Was braucht eine 23-Jährige? »Eigentlich nichts«, sagt sie. Aber dann doch. Birkenstock-

Sandalen statt High Heels sind gerade in. Ich staune. Auch in Neumünster gibt es eine riesige Auswahl. Wir werden schnell fündig. »Na ja«, sagt Oma, »eine Kleinigkeit ist noch drin.« Wir gehen in das Geschäft einer ZONTA-Freundin. Schnell findet Janne eine schöne Leinenbluse. Ein bisschen teuer? Oma ist großzügig.

Am Sonntag geht es auf den Stocksee-Hof zum Schleswig-Holstein-Musik-Festival. Ein wunderbares Konzert in der Scheune. Ein 16-jähriger junger Mann spielt Geige, Cello und Klavier. Andere Musiker folgen. Wir essen in einer anderen Scheune, besuchen noch die kleinen Wettbewerbsgärten. Was für ein schöner Sonntag? Die Bronchitis scheint fast vergessen. Leider kommt sie wieder. Ich huste noch. Bis zu der bevorstehenden Reise nach Moskau und St. Petersburg, wäre eine vollständige Gesundung schon gut. Na, wird schon werden. Ich benutze endlich das Beatmungsgerät. Mein Blutdruck ist übrigens jetzt ganz normal. Auf Tabletten kann ich fast verzichten. Krankheit und Gesundung. Ich habe neun Kilo abgenommen. 60 Kilo, so war mein Gewicht auch, als ich 40 Jahre alt war. Mein Hausarzt sagt, dass sowohl die derzeitige Wärme, vor allem aber auch die Gewichtsreduzierung das bewirken. Ich esse seit einiger Zeit abends nichts mehr. Das hilft beim Abnehmen.

So viel Freude, dass die Enkelkinder uns immer noch besuchen. Noch etwas: Morgen fahren wir zu Bennies 18. Geburtstag.

Alexandra alias Doris Treitz

Als Alexandra 1966 ihre Karriere als Sängerin startete, war ich
Hausfrau mit zwei kleinen Kindern. Alexandra machte mit dem
Hazy-Osterwald-Sextett ihre Russland-Tournee. Ich kochte für
meine fünf- und einjährigen Söhne, wechselte Windeln, ging mit
den Kindern auf den Spielplatz, machte Fingerspiele, baute mit
ihnen Türme aus Holzklötzen oder Legosteinen, wartete auf
meinen stets abwesenden Mann und langweilte mich oft. Musik,
Schlager hörte ich eher selten. Das vorhandene Radio blieb meist
still. Trotzdem waren mir die Lieder von Udo Jürgens, Freddy
Quinn, Wencke Myhre, Roy Black und anderen bekannt. Meine
ersten Schallplatten schenkte mir mein damaliger Freund, mein
späterer Mann zum 18. Geburtstag: Catarina Valente:»Ganz Paris
träumt von der Liebe« und»Music, Martinis and Memory«s von
Simon und Garfunkel. Alexandra hörte ich später gern. Mir ge-
fielen ihre Stimme und die Melodien. Schlager waren für mich
nur wenige ihrer Lieder. In Frankreich sang in dieser Zeit Juliette
Greco Chansons. Für mich sang Alexandra Lieder mit guten
meist deutschen Texten. Irgendwann bekamen wir einen Fernseh-
apparat. Ich sah mir die Schlagerparade mit Dieter Thomas Heck
an. Alexandra gehörte eher nicht zu den dort auftretenden Sän-
gern und Sängerinnen. Ihre Lieder waren wohl zu anspruchsvoll.
1979 heiratete ich zum zweiten Mal. Die Sängerin Alexandra ist
die Cousine meines Mannes Manfred. Sie starb vor 50 Jahren mit
nur 27 Jahren bei einem Autounfall vor Tellingstedt. Ich lernte die
damals schon verstorbene Alexandra und ihre Lieder besser kennen. Einige Lieder höre ich besonders gern. Es gibt einen
Alexandra-Verein, der das Andenken an die Sängerin erhalten
will. Der Verein sorgt für Straßenbenennungen und Schilder an

Häusern, in denen sie gewohnt hat. Die Mitglieder pflegen ihr Grab in München und den Gedenkstein in Tellingstedt. Blumen werden niedergelegt. In Silute (Litauen), Geburtsort der Sängerin, und in Kiel gibt es auch Straßenbenennungen und Schilder am Haus. Neben regionalen, gibt es ein bundesweites jährliches Treffen. In diesem Jahr findet das in Hamburg-Rotenburgsort statt. Ein besonderes Treffen, da Alexandra vor 50 Jahren tödlich verunglückte. Die Veranstaltung beginnt mit der Mitgliederversammlung. Dann gibt es Kaffee Kuchen. Danach wird der Alexandra-Stieg in Hamburg-Rothenburgsort besucht. Der Verein hält die Lieder Alexandras lebendig. Horst ist Ehrenmitglied und wir freuen uns auf die Treffen, die meist bunt und interessant sind. So haben wir den fast 90-jährigen Hans Blum erlebt. Er begleitete sich am Klavier und sang:»Im Auto vor mir sitzt ein schönes Mädchen ...« Hinreißend. Er war ein Wegbegleiter Alexandras, hat einige ihrer Lieder geschrieben.

Diesmal also Rothenburgsort. Dort hat Alexandra mit Mutter und drei Schwestern gewohnt. Ein Altenheim hat einen großen, schönen Raum zur Verfügung gestellt. Die riesige Terrasse im 5. Stock lässt einen weiten Blick über den Ort zu. Ein drittes Straßenschild soll eingeweiht werden. Unter dem Schild soll eine Kurzbiografie hängen. Politikprominenz ist gekommen. Mit Erstaunen stellen wir fest, dass schon eine Seite des Straßenschildes »geklaut« wurde. Auch die Kurzbiografie ist nicht mehr da. Ich staune: Was Menschen so alles gebrauchen können! Anschließend geht es auf den Platz vor dem Hochhaus in dem Alexandra mit Mutter und Schwestern einige Zeit gewohnt hat. Im 5. Stock. Einen Aufzug gab es damals nicht im Haus. Viele Menschen haben sich versammelt. Der NDR ist da. Zeitzeugen sind gekommen und werden befragt. Sie berichten gern. Wieder zurück zum Altenheim. Das Abendessen mundet. Ein gutes Salatbuffet, Hühnerragout, gemischtes Gemüse, Ratatouille und Reis. Als Nachtisch Schokoladenpudding oder Rote Grütze mit Vanillesauce. Das Essen ist noch nicht ganz beendet, als sich der Raum mit Bewohnern und Menschen aus der Umgebung zu füllen beginnt. Zusätzliche Stühle müssen herbeigeschafft werden. Im Haus gibt es neben 60 Pflegeplätzen vor allem Wohneinheiten für »Betreutes Wohnen«. Der NDR ist wieder da. Um 20.00 Uhr startet das Abendprogramm. Larissa Strogoff singt drei der bekanntesten Lieder Alexandras. »Zigeunerjunge«, »Mein Freund der Baum«, »Sehnsucht«. Die Sängerin hat ein weites, buntes, langes, wallendes Kleid an. Eine schöne Frau mit guter Stimme und perfekter Körpersprache. Gesicht und Körper singen mit. Lippen und Münder vieler Menschen bewegen sich stumm oder summen den Text. Wort für Wort. Viele Male gehört. Die Stimmung ist weich, hüllt die Menschen ein. Es folgen drei Festreden. Der Biografieschreiber Alexandras, Marc Boettcher, der Manager der Russlandtournee, ein Herr Otte, der mit dem Hazy-Osterwald-Sextett und Alexandra unterwegs war. Marc Boettcher hat die Biografie nach Alexandras Tod geschrieben, kennengelernt hat er die Sängerin nicht. Herr Otte dagegen weiß viel über die Begegnungen mit der Sängerin zu berichten. Horst erzählt über seine Erinnerungen als junger Mann mit den drei Mädchen, Doris, Melitta und Marianne. Einladungen zu Tante Wally (die Mutter der Mädchen) zu Kaffee und selbstgebackenen Kuchen. Er darf zwei Kameraden mitbringen. Doris spielt Klavier und singt dazu. Kameraden bitten ihn, ein Rendezvous mit den Mädels zu vermitteln. Manfred lehnt ab. »Nee, mein Freund, das musst Du schon selber machen.« Aus Doris wurde später Alexandra.

Eine launige Rede mit vielen Einschüben. Es wird viel gelacht. Zwischenrufe erzeugen Stimmung. Danach setzt sich ein älterer Herr neben Horst. Es stellt sich heraus, dass er der Heimbeirats-Vorsitzende ist. Er fragt Manfred, ob er bereit wäre, einen Nachmittag oder Abend für die Heimbewohner zu gestalten. Natürlich ist er bereit. Ehrenamt tut im Alter gut.

Leider ist es schon dunkel als wir nach Hause fahren. Das Navi will anders als Horst. Wir irren durch Hamburg. Landen am Hauptbahnhof. Horst ist ärgerlich und aufgeregt. Das Navi empfiehlt mindestens 10 Mal, dass wir umkehren sollen. Horst fährt stur weiter. Nach Osten, sagt er. Tatsächlich landen wir dann auf der A 1, Richtung Lübeck, es folgt die B 21 Richtung Kiel. Nun kennen wir uns aus. Letztlich hat der Umweg nur 20 Minuten gekostet. Geht doch.

Am nächsten Tag fahren wir nach Tellingstedt. Viele Menschen haben sich dort versammelt. Es mögen ca. 50 Männer und Frauen sein. Ein kleines Mädchen sitzt auf der Erde. Es hält seine Puppe warm umschlungen. Tief versunken, zerbricht es dünne Äste und stapelt sie zu einem akkuraten Haufen. Eine alte Dame reicht ihr dünne Stöcke nach. Wieder hält Horst eine kleine Rede. Er schildert die Beerdigung seiner Cousine vor 50 Jahren. Wieder Musik von Alexandra. In einer stillen Minute kann jeder seinen eigenen Gedanken folgen. Eine Sängerin, eine Russin, spielt Klavier und singt dazu. (Ihren Namen habe ich leider vergessen.) Beim Lied »Am großen Strom« bekomme ich eine Gänsehaut. Ich will den Text hier wiedergeben. Nach meiner Information hat Alexandra in sowohl geschrieben als auch vertont.

Wenn am großen Strom der Abend niedersinkt,
die Nebel der Dämmerung ziehn,
wenn im Rauschen der Wellen der Tag verklingt,
überall bunte Lichter erglühn.

Wenn am großen Strom die tiefe Nacht beginnt,
dann steh ich am Fenster noch lang,
und es ist mir, als hört ich von fern im Wind,
Deiner Stimme verloren Klang.

Über Meere weit fliegt mein Herz zu Dir,
fliegen all meine Träume hinaus,
eines Tages kommst Du zurück,
kommst wieder zum Strom nach Haus.

Früher spielten wir am grünen Uferstrand,
wir sehnten uns in die Welt,
und ich fühlte mich wieder im Kinderland,
wenn am Strom die Dämmerung fällt.

Über Meere weit fliegt mein Herz zu dir,
fliegen all meine Träume hinaus,
eines Tages kommst du zurück,
kommst Du wieder zum Strom nach Haus.

Nach den Liedern schweben Trauer, Melancholie, Hoffnung
durch die Luft. Lassen sich bei den Menschen nieder. Stille, leise
Gespräche. Die Musik verbindet uns. Wir freunden uns mit einem jungen Paar an. Bilder werden geschossen, Telefonnummern
ausgetauscht. Ein guter Vormittag. Gegen 15.30 Uhr sind wir

wieder zu Hause. Erst einmal ein wenig ausruhen. Am Freitag hatten wir Bennies 18. Geburtstag gefeiert. Nun reicht es uns. Nächste Woche soll es nach Moskau und St. Petersburg gehen. Na denn, es soll ja auch 90-jährige geben, die um die Welt reisen. Ich bin sicher, das werde ich bestimmt nicht tun.

Die Doppelkopfgruppe

Seit über 40 Jahren spiele ich Doppelkopf. Drei Frauen dieser Gruppe sind mit mir kontinuierlich dabei. Zwei neue sind im Laufe der letzten Jahre dazu gekommen. Ich bin mit Abstand die Älteste. Das war bis vor einiger Zeit nicht spürbar. Jetzt bin ich alt. Das merke ich auch in dieser Gruppe. Beim Doppelkopf kann ich gut mithalten. Noch keine Demenz in Sicht. Bei einigen dieser Frauen ist es üblich, die Schuhe im Flur auszuziehen. Bei uns ist das auch gewünscht. Ich trage oft Sneaker zum Schnüren. Schleife aufmachen, Schnürsenkel lockern, Schuhe ausziehen. Das geht noch leicht. Beim Anziehen brauche ich oft einen Schuhanzieher, weil der Schnürsenkel immer noch ziemlich fest gebunden ist. Ich kann mich noch sehr gut bücken, aber oft bleibt der Fuß am Rand des Schuhs hängen. Ein Anzieher bringt da Hilfe. Wir stehen im Flur, ziehen unsere Schuhe an. Ich vermisse den Schuhanzieher. Die Gastgeberin schleppt plötzlich einen Stuhl heran. »Setz Dich doch«. Etwas entgeistert schaue ich sie an. Aha: »Ich bin alt.« Natürlich ist das eine sehr freundliche Geste. So müssen sich behinderte Menschen fühlen, wenn sie unentwegt »Hilfsangebote« bekommen. Ich werde mich daran gewöhnen. Eine andere Mitspielerin holt mich zum Spielen von zu Hause ab. Ich fahre nicht mehr gerne lange Strecken und im Dunkeln habe ich auch Schwierigkeiten. Das ist dem Alter geschuldet. Eine meiner Stärken ist, dass ich Dinge rechtzeitig beenden kann. Ich freue mich, dass die Freundin mich abholt. Aber dieses Mal wollte sie mir plötzlich beim Aussteigen helfen. Der Platz zwischen Auto und Bürgersteig war ungünstig. Deshalb dauerte das Aussteigen etwas länger.»Aha, alt«. Am Ende denke ich: Wie wunderbar, dass ich mit Frauen spielen kann, von denen zwei sogar noch im Beruf sind, Lehrerinnen. Ich bin immer neugierig. Interessiert daran, wie Schule heute läuft. Krankheiten sind kein Thema. Wie entspannend.

Eine Reise ins Ungewisse mit Zahnproblemen

Moskau und St. Petersburg erleben. Die Erlebnisse über Russland die uns Bekannte über ihre Reise nach Russland erzählten, waren meist nicht sehr positiv. So reiste ich mit gemischten Gefühlen ab. Aber wir waren neben den Mitreisenden zu viert, mein Mann, unsere Freunde und ich. Für mich machte das alles leichter. Zuerst ging es mit dem IC nach Frankfurt. Dort übernachteten wir in einem Hotel auf dem Flughafengelände. Am Abend checkten wir ein. So ging es früh am nächsten Morgen relativ schnell und problemlos. Pünktlich landeten wir auf einem Flughafen in Moskau und wurden von der Reisegesellschaft empfangen und in den bereitstehenden Bus gebracht. Dort sahen wir dann auch die Mitreisenden. Eine gemischte Gesellschaft, alte und junge Menschen. Paare und Einzelreisende. Gut so. In meinem Mund klopfte ein Zahn an die Mundwand. Wird schon. Der Rest des Tages stand zur freien Verfügung. Was machen wir in einer so großen, fremden Stadt? Ich bin ratlos und habe wieder gemischte

Gefühle. Fantasien machen sich breit. Offensichtlich ist das bei meinem Mann und den Freunden ähnlich. Wie gefährlich ist diese Stadt. Wie gefährlich ist die METRO? Wie werden wir uns zurechtfinden? Wir könnten uns verlaufen. Unter die Räuber geraten? Wir bleiben im Hotel, essen ein akzeptables Abendessen. Suppe, diverse Salate, Fisch, Fleisch, Nachtisch, alles ist da. Der Salat tut meinen Zähnen nicht gut. Ich muss zu viel kauen. Die Freundin hat Schmerztabletten mit. Sie versorgt mich. Früh am nächsten Morgen beginnt die Stadtrundfahrt. Der Rote Platz, das Kaufhaus GUM bleiben in Erinnerung. Militärkapellen aus der ganzen Welt sollen am nächsten Tag auf dem Roten Platz spielen Zelte und Bühnen sind aufgebaut. Deutschland ist nicht dabei. Der Platz wird in seiner ganzen Schönheit nicht sichtbar. Schade. Wir werden am nächsten Tag noch einzelne Häuser kennenlernen. Kathedralen der Russisch-Orthodoxen Kirche ziehen an uns vorbei. Mit ihren farbigen oder goldenen runden »Köpfen«, scheinen sie uns einzuladen. In meinem Kopf läuft ein unangenehmes Band ab. Das Kaufhaus GUM ist beeindruckend. Springbrunnen, Blumenpracht, Geschäfte, Menschen drängen durch die Gänge. Mir macht das keine Lust zum Kaufen. Gut so. Moskau rauscht an mir vorüber. Haften bleibt nur wenig. Auch vom zweiten Tag bleibt in meinem Gedächtnis nur wenig hängen. Wir gehen in die Christ-Erlöser-Kathedrale. Sie gilt als das zentrale Gotteshaus der Russisch-Orthodoxen Kirche. Sie ist eines der höchsten Sakralbauten der Orthodoxie. Wir hören, dass die Russen oft fromme Menschen sind. Es gibt keine Bänke. Stehen ist angesagt. Bei Gottesdiensten zwei Stunden stehen? In meinem Kopf läuft ein unangenehmes Band ab. Ich wundere mich. Nach der kommunistischen Zeit so viel Frömmigkeit. In der ehemaligen DDR ist das jedenfalls ganz anders. Wir fahren noch an Stalins sieben Schwestern vorbei, Sozialistischer Klassizismus oder auch Zuckerbäckerstil. Mich beeindrucken sie nicht. Unser Reiseleiter zeichnet ein sehr positives Bild vom Leben im Moskau. Die meisten besitzen Eigentumswohnungen, verdienen gut und sind zufrieden. Am nächsten Tag steht uns etwas ganz Besonderes bevor. Wir sind in die Deutsche Botschaft eingeladen. Ein Mitglied der Botschaft hat uns eingeladen. Er mag die Lieder von ALEXANDRA. Doris Treitz, später Alexandra ist die Cousine von Horst. Seine Mutter und die Mutter von Doris waren Schwestern. Wir freuen uns auf den Besuch. Wir wollen auch erfahren, ob unser Reiseleiter uns evtl. Märchen erzählt hat.Wir sind in seine Familie mit Sitz auf dem Botschaftsgelände eingeladen. Wachen stehen vor den Toren. Unser Reisepass wird kontrolliert. Dann kommt uns Herr F. schon entgegen. Das Erstaunen ist groß. Wir sind in seine Familie eingeladen. Eine Torte (wie fast überall in Moskau wunderschön) blickt uns entgegen. Die Ehefrau und eine kleine Tochter begrüßen uns. Wir haben dem Kind nichts mitgebracht. Wie schade. Aber das wussten wir nicht. Es folgt ein unterhaltsamer Nachmittag mit Gitarre, Gesang und guten Gesprächen. »Ja, den Menschen in Moskau geht es im Durchschnitt gut. Der Lebensstandard und auch die Preise gleichen dem Westen.« Weitgehend bestätigt er die Aussagen unseres Reiseleiters. Die Familie lebt im »beschützten Raum« der Botschaft und fühlt sich sehr wohl. Wir sind erstaunt. Beglückt und beschenkt verlassen wir das Botschaftsgelände. Am Abend geht es mit der METRO in die Stadt. Mit Strom wird in Moskau nicht gespart. Prächtig beleuchtete Straßen. Nicht einmal zur Weihnachtszeit gibt es in Deutschland so etwas mehr. Hier leuchtet es täglich. Unsere

Freundin verläuft sich. Sie verpasst den Anschluss an die Gruppe.
Die Reiseleiterin ist aufgeregt, der Ehemann noch aufgeregter.
Nach einer halben Stunde müssen wir abfahren. Der Ehemann,
unser Freund, geht seine Frau suchen. Irgendwann findet er sie
tatsächlich. Der Taxifahrer zockt die beiden ab. Sie müssen für
die Fahrt mehr als 50 Euro zahlen. Normalerweise kostet das 10
Euro. Aber die Ehefrau ist wieder da. Ehemann, Reiseleiterin und
wir können beruhigt schlafen.
Am nächsten Tag geht es mit einem Schnellzug in ca. vier
Stunden nach St. Petersburg. Der Zug nennt sich SAPSAN.
Wieder steht in der Halle des Flughafens ein Busfahrer mit
Schild, der uns empfängt. Auch die Reiseleiterin für St. Petersburg
ist da. St. Petersburg ist prächtig, golden, und überfüllt. Chinesen,
Chinesen, Chinesen. Vor der Eremitage stehen meterlange
Schlangen. Als Tourist braucht man Zeit, Warten ist angesagt.
Wir sehen natürlich auch das Bernsteinzimmer. Anderes beein-
druckt mich mehr. In St. Petersburg haben wir eine persönliche
Begegnung. Unsere Freunde kennen eine St. Petersburgerin, die
lange in unserer Heimatstadt verheiratet war. Nach dem Tod ihres
Mannes ist sie zurückgekehrt. Sie macht eine persönliche Führ-
ung. Das ist noch einmal etwas anderes. Wir betreten das
Grandhotel Europe. 5*+, mehr gibt es dazu nicht zu sagen.
Das Feinkostgeschäft auf dem Newski Prospekt lässt keine
Wünsche offen. Kaviar und Wodka essen, trinken oder kaufen
wir nicht. Schade. Aber ein paar Pralinen kaufe ich. Immerhin.
Am nächsten Tag geht es zur Stadt Puschkin und der Sommer-
residenz von Peter dem Großen nach Petershof. Hier ist fast
nichts mehr zu überbieten. Die Sonne scheint auf Kaskaden,
goldene Springbrunnen und Figuren, die Blumenpracht
überbietet sich gegenseitig. Es ist fast mehr, als meine Augen

ertragen können. Mein Zahn klopft in meinem Kopf. Noch eine
Tablette. Die Rückfahrt findet auf einem Tragflügelboot statt.
Mein Kopf schwirrt. Was davon wird »hängenbleiben?«
Zurück in Deutschland muss mein Zahn noch das Wochenende
warten. Aber am Montag – endlich! Wir fahren in die Zahnklinik
nach Kiel. Eine Zyste hat sich am letzten Zahn im Oberkiefer
breitgemacht. Er muss gezogen werden. Es bleiben »goldene«
Erinnerungen und Zahnschmerzen.
Trotzdem: eine lohnende Reise.

Kostbare Geschenke

Eine Freundin hat mich eingeladen. Sie hat ein kleines Häuschen
in Pelzerhaken direkt an der Ostsee gelegen. Sie holt mich mit
dem Auto ab. Wir fahren gemütlich durch die schleswig-holstei-
nische Landschaft. Es ist heiß, dunkelgrüne, hellgrüne Bäume
und Sträucher, gelbe Stoppelfelder, rote Beeren an den Eber-
eschen wechseln sich ab. Wiesen Felder, Wälder, Knicks als
Windfänger. Bald geht es leicht bergauf. Die »Holsteinische
Schweiz« begrüßt uns. Erinnerungen wagen sich hervor,
verschwinden bald wieder. Es geht durch Schmalensee. Dort
hatte das Nordelbische Frauenwerk ein Mütterkurheim. Da habe
ich Seminare durchgeführt. Ein Abzweig zum Stockseehof.
Kirschen pflücken, entsteinen lassen und zu Hause Marmelade
kochen. Weiter geht es vorbei am Koppelsberg. Auch dieser Ort
ist mir bekannt. Viele Seminare für unsere jungen Frauen in den
»Berufsvorbereitenden Lehrgängen« wurden dort abgehalten.
Dann winkt das Plöner Schloss. Eine gute halbe Stunde und wir
sind in Pelzerhaken. Der Sohn und seine Freundin basteln am

gerade angekommenen Kajak. Freundliche Begrüßungen. Ein paar Worte miteinander reden. Junge Menschen treffen ist immer schön. Die Ostsee glitzert durch das Grün, das die Terrasse abschirmt. Erst einmal Wasser trinken, mahnt die Freundin. Recht hat sie. Ich trinke immer zu wenig. Der Strand ist belebt, aber nicht zu voll. Junge Menschen basteln an einem Schiff. Wir beginnen unsere kleine Wanderung. Wir stapfen durch den Sand. Das fällt mir nicht so leicht. Wir wechseln auf den Sandweg oberhalb der Küste. Die Ostsee begleitet uns. Radfahrer und Fußgänger grüßen freundlich. Zum Mittagessen bin ich eingeladen. Wir essen einen Flammkuchen. Jeder einen. Einer für uns beide hätte gereicht. Einen kleinen Salat haben wir auch bestellt. Die große Flasche Wasser leeren wir bis auf den letzten Tropfen. Wir sitzen an der weit geöffneten Tür. Leichter Ostseewind umfächelt uns. Wieder gute Gespräche über Gott und die Welt. Heike kauft noch zwei Stück Pflaumenkuchen für den Nachmittag. Auf zum Häuschen zum Scrabbeln. Wir formen Wörter aus möglichst sieben Buchstaben und legen sie sinnvoll auf dem Brett ab. Zwei Spiele. Jede gewinnt einmal. Gut so. Im Seniorenbüro biete ich das Spiel auch an. »Heiteres Gedächtnistraining«. Der Kopf muss sich bewegen. Der Pflaumenkuchen mundet. Wieder ein Spazie-rgang, ein Eis aus der Hand schlecken. Es kleckert. Nach 18 Uhr machen wir uns auf den Heimweg. Durch unsere Gespräche vergeht die Fahrt wie im Fluge.

Ein wunderschöner Tag. Was für ein kostbares Geschenk!

Zufällige Begegnung

Ich komme schwer beladen vom Markt. Vorher habe ich mein Trainingsprogramm im Rehazentrum absolviert. Danach war ich erledigt. Aber ich habe mich schnell wieder erholt. Ich kaufe ein Brot, bringe eine Brille zur Reparatur, in der Apotheke besorge ich eine Gesichtscreme und Chlorhexamed zum Spülen meiner noch offenen Zahnlücken, kaufe einen Krimi, eine Rose und ein Sträußchen für die abendliche Literaturgruppe bei einer Freundin. Mit den Trainingsklamotten und dem Eingekauften bin ich ziemlich bepackt. Erst einmal schiebe ich mein Fahrrad. Ich habe Angst, dass ich stürzen könnte. Auf dem Haartweg treffe ich auf einen Mann mit Hund. Wir begegnen ihm öfter auf dem Friedhofsweg. »Heute anderen Wegs?«, rufe ich fragend herüber. »Oh«, sagt er, »ich habe sechs festgelegte Wege, ein Weg ist optional.« »Na«, antworte ich, »da haben Sie aber ein sehr geordnetes Leben.« »Das muss ich haben«, antwortet er, »der Hund ist erst elf Monate alt, er braucht ein ganz geordnetes Leben, er ist sehr wild und ungestüm.« Ich betrachte mir den Vierbeiner genauer. Auf den ersten Blick wirkt er etwas struppig. Auf den zweiten Blick hat er ein sehr schönes »Gesicht«, braun, grau, beige gestreift und ganz hellblaue Augen. Ja, er ist sehr schön! »Na dann«, sage ich, »einen schönen weiteren Spaziergang«. »Danke, Ihnen auch.« Wir ziehen beide weiter unseren Weg in die entgegengesetzte Richtung.
Ob er wohl eine Frau hat?, frage ich mich. Zu Hause erzähle ich meinen Mann die Geschichte. »Ob er wohl eine Frau hat?«, fragt mein Mann.

Teilhaben dürfen

Elmar und Susanne erwarten ihr erstes Kind. Beide sind nicht mehr so jung. So ist das bei der Generation unserer Kinder. Studium, Berufsfindung, Fortbildungen, Hobbys, Reisen fordern Zeiten ein. In meiner Generation war das ganz anders. Wir bekamen unsere Kinder früh. Studium für Mädchen gab es vor allem im gehobenen Bildungsbürgertum. Für mich kam das nicht in Frage. Ich »heiratete« ja doch. Mit Anfang 20 bekam meine Generation ihre Kinder. Dann folgten Familie und vielleicht später, die Rückkehr halbtags in den Beruf. Ich bin die Einzige in meiner Realschulklasse, die mit Anfang 30 studierte und dann beruflich noch erfolgreich war. Aber das hatte eben seinen Preis. Durch frühe Heirat und Schwangerschaft blieb wenig Zeit für die eigene Entwicklung, für das Erwachsenwerden.

Heute kommt das erste Kind mindestens 10 Jahre später. Die Eltern sind dann Anfang 30 und älter. So auch bei Elmar und Susanne. Das löste bei dem immer Paar große Freude aus. Bei den Großeltern natürlich auch. Wir werden beteiligt. Kleine Bildchen von Bauch und Kindchen landen per Iphone bei uns. Dann die große Nachricht. Susanne ist in der Entbindungsklinik. Nun warten nicht nur die Eltern, sondern auch die Großeltern auf die freudige Nachricht. Das erste Kind lässt häufig auf sich warten. So auch hier. Ich schaue stündlich auf mein Handy. Acht Stunden, neun Stunden, zehn Stunden vergehen. Dann nach 15 Stunden, nachts um zwei leuchtet plötzlich mein Telefon auf. Es piepst. Ich wache auf und lese, ein gesundes Kind ist geboren. Mutter und Kind sind wohlauf. Den »Opa« wecke ich nicht. Er wird die freudige Nachricht morgens empfangen.

Mit einem Lächeln auf dem Gesicht liege ich da und freue mich.
Ein neues Enkelkind, das Fünfte, hat das Licht der Welt erblickt.
Wie wird seine Welt aussehen? Ich werde es nicht mehr erleben.
Schade, dass ich schon so alt bin.

Gedenken an eine Verstorbene

Wir sind zu einer kleinen Kaffeestunde in das Gezeiten-Café vor
dem Neumünsteraner Friedhof eingeladen. Anschließend soll das
Grab meiner verstorbenen Freundin Anna besucht werden.
Aber wir besuchen erst einmal das Grab. Es liegt auf einem so
genannten Themenbereich des Friedhofs. Urnengräber reihen
sich in Kreisen aneinander. Jedes Grab hat eine kleine Tafel mit
Namen, Geburts- und Sterbedatum. Besinnliche Minuten folgen.
Die Tochter zitiert den Text von Bonhoeffer: »Von guten
Mächten wunderbar geborgen ...« Eine andere Freundin stimmt
ein und zitiert den vollständigen Text. Die Worte berühren uns.
Tränen befeuchten die Augen. Dann geht es in das Gezeiten-
Café. Riesige Tortenstücke erwarten uns. Erinnerungen an Anna
werden ausgetauscht. Der Sohn hat vom 60. Geburtstag der
Verstorbenen einen Film gedreht. Ich halte damals eine Rede auf
Anna. Er lädt uns ein, gemeinsam den Film anzusehen.
Irgendwann sagt eine der Frauen: »Ich habe einen schwierigen
Mann!« Im Chor ertönt es dann von den anderen Frauen. »Ich
auch, ich auch, ich auch ...« »Ja, ja«, sagt der Sohn, »zieht nur über
uns her.« Wir lachen herzlich. Nach einer guten vertrauten Stunde
löst sich der Kreis auf. Erfüllt gehen wir nach Hause. Das Grab
meiner Eltern und ein Gedenkstein an meinen toten Sohn liegen
am Weg. Wir bleiben stehen und beten ein Vaterunser.

Lesen

Lesen gehört zu meinem Leben wie Essen und Trinken.
Klingt übertrieben, ich weiß. Ohne Essen und Trinken würde ich
verhungern und ohne Bücher? Wohlgemerkt, es müssen Bücher
sein, die ich anfassen kann, in denen ich blättern, ohne Probleme
nachlesen oder Anmerkungen an den Rand schreiben kann.
Wobei, Letzteres eher selten geschieht. Ich denke dann: Das arme
Buch! Lesen also. Mein Vater, ein Buchhändler, hat da einen
großen Anteil. Doch als ich als 13-Jährige Courths-Mahler las,
war er nicht so begeistert. Er verbot es. Ich las dann heimlich und
träumte von Grafen und Prinzen, die mich erlösen würden.
Aber das gab sich bald von selbst. Träume zerplatzen oft so
schnell wie Luftballons. Ich begann regelmäßig in die Stadtbü-
cherei zu gehen. Bücher zu kaufen, konnte ich mir nicht leisten.
Ich war Anlernling bei der Stadt Duisburg mit 40 Mark im Monat, danach Stenotypistin im Stadtplanungsamt im Vorzimmer
eines Oberbaurats. Da verdiente ich dann 450 Mark im Monat.
Aber bei den vielen Architekten, Bauingenieuren und technischen
Zeichnern fand Geschmacksbildung statt: »Weniger ist mehr«.
Dieser Satz hat mein späteres Leben geprägt.
Ich las sie alle: Ernst Hemingway, John Steinbeck, Thomas Mann,
Heinrich Böll oder Max Frisch. »Von Mäusen und Menschen«
von John Steinbeck, Max Frisch »Stiller« und Heinrich Böll »Haus
ohne Hüter« begeisterten mich ganz besonders. »Haus ohne
Hüter« empfahl ich dann meinem damals 13-jährigen Sohn. Ich
weiß nicht mehr, ob er es gerne gelesen hat. So las ich mich im
Laufe meines jetzt schon langen Lebens durch viele Literaturströ-
mungen. Ich leite einen Literaturkreis im Seniorenbüro und habe
einen privaten Lesekreis.

Da bleibt mir auch Herkunft von Sasa Stanicic nicht erspart. Ein Buch, das immerhin die eigene Herkunft in den Mittelpunkt der Gespräche brachte. Leicht zu lesen ist es nicht. Jetzt zu Weihnachten stapeln sich wieder Bücher.

Ich habe viele Lieblingsbücher. Eines will ich Ihnen nennen. »Daddy Longlegs«. Jetzt dürfen Sie sich wundern. Schaut da etwa wieder »Courths-Mahler« um die Ecke?

An dieser Stelle fällt mir eine versöhnliche Geschichte ein, die ich vor vielen Jahren geschrieben habe:

Es war einmal ein Land, in dem Milch und Honig floss. Jedenfalls für sehr viele Menschen. Essen gab es in Hülle und Fülle. Kleider auch. Das liebste Fortbildungsmittel der Menschen war das Auto. Es gab viele Autos in dem Land. Oft bildeten sich auf den Straßen Schlangen. Farbige, schillernde Schlangen, die sich nur langsam fortbewegen konnten. Manchmal ging auch gar nichts mehr. Besonders auch in Innenstädten, wo rechts und links Menschen gehen und einkaufen wollen. Das war ärgerlich. Reisen war nämlich die liebste Beschäftigung der Bewohner dieses Landes. Ihr seht, Essen und Kleider in Hülle und Fülle, Autos, Reisen, eine warme Wohnung im Winter. Ein reiches Land mit vielen Schätzen.

In diesem Land waren die Schätze nicht nur ein Segen. Viele Menschen des Landes wurden dick und fett, selbstgefällig und unzufrieden. Die Schätze vermüllten Wasser und Erde, verpesteten die Luft.
Natürlich gab es in dem Land auch Zweifler, Frager und Mahnende. Die waren nicht so beliebt. Die »Gutmenschen« hieß es abfällig.

Eines war am verwunderlichsten in diesem Land. Menschen, die besonders wichtig waren für dieses Land, die jungen Familien mit Kindern, die

alleinerziehenden Mütter, die Frauen und Männer, die alte Menschen
pflegten, wurden leicht übersehen. Immer noch waren die Gebühren für
Kindergärten hoch, Altenpflegerinnen und -pfleger wurden schlecht bezahlt.
Großes Vergessen, Verdrängen war angesagt.
Dafür waren Glücksspiele an der Tagesordnung, boomten geradezu. Großen
Zulauf hatten auch Menschen, die viel versprachen: Vollkommenheit und
großes Glück. Ich will Euch jetzt ein Geheimnis verraten: In dem Land gibt
es einen großen Schatz. Das sind die Menschen, die Männer und Frauen, die
wissen, wo die wirklichen Schätze vergraben liegen. Es gibt sogar Orte, wo
diese Menschen auf Dich warten, um mit Dir auf Schatzsuche zu gehen. Es
ist nicht schwer, sie zu finden. Du musst nur Augen und Ohren offen halten.
Ich habe diese Orte immer wieder gesucht und auch gefunden. Das schaffst
Du auch. Und das Wunderbare ist: Es ist egal, wie alt Du bist!

Jahreswende vom Jahr 2019 zum Jahr 2020

Sylvester und Neujahr in einer Akademie im Süden unseres Landes. Es wird viel geboten. Vortrag über Engel, über den Zustand unserer Welt heute, Wetterprognosen und die Zukunft unseres Wetters in Schleswig-Holstein, Gottesdienst, Festessen (großartig). Die Tage sind prall gefüllt und sehr interessant. Meine angebotenen Geschichten über **Engel und Menschen** und **Gute Vorsätze** darf ich nicht vorlesen. »Sie passen nicht ins Programm, aber wer weiß, vielleicht ein andermal.« Männer sagen das. Dafür werden unverständliche Gedichte, mir nicht bekannter Dichter gelesen. Schade. Dabei hätte ich doch so gerne ... Na, vielleicht war ich ja nicht gebildet genug, um die Texte zu verstehen. Zu den kleinen rosa Schweinchen auf den Frühstückstischen hätte meine Geschichte auf jeden Fall besser gepasst. Im Flur der Akademie sitzt ein auch mir bekannter Kirchenmann. Da er allein ist, und ich auf meinen Mann warte, frage ich, ob ich mich dazusetzen darf. Er bejaht. Ich bemühe mich, um eine kleine Unterhaltung. Die Entgegnungen kommen spärlich. Kaum Blickkontakt. Hat er etwa Angst vor mir? Dann kommt mein Mann dazu. Er wird lockerer, redet mehr.
Als dann der Seminarleiter erscheint, löst er sich. Als Redner ist er dann exzellent. Ich hatte zwar erwartet, dass »Kirche heute« Thema sein wird. Aber offensichtlich redet er lieber über den Zustand unserer Welt im, besonderen im Deutschland. Ich bin enttäuscht. Offensichtlich ist er ein Mann der großen Bühnen oder besser Kanzeln.

Eine Einladung in die Vergangenheit Anfang Januar 2020

Der Sohn einer ehemaligen Kursleiterin der Evangelischen
Familien-Bildungsstätte hat uns eingeladen. Er will uns einen
Film vom 60. Geburtstag seiner verstorbenen Mutter zeigen. Der
Geburtstag fand vor über 30 Jahren im Anschargemeindehaus
statt und eingeladen hatte der »Fan-Club« der sehr beliebten und
geschätzten ehemaligen »Loheland«-Schülerin und ihrer dem
Konzept dieser Schule entsprechenden Gymnastik-Kurse.
Es wird ein wunderbarer Nachmittag. Wir sind 5 Personen. Die
beiden Paare und eine ehemalige Freundin der Verstorbenen. Die
Lebensgefährtin des Sohnes hat zwei Kuchen gebacken, die so
vorzüglich schmecken, dass sogar ich zwei Stücke esse.
Ein Kuchen ist aus Marzipan, der andere eine Eierlikör-Torte.
Hmmmm ... Die Gespräche plätschern dahin, angenehm vertraut,
obgleich wir uns kaum kennen. Dann wechseln wir in einen
Nebenraum. Der Film kann beginnen. Alte Gesichter, junge
Gesichter tauchen auf uns verschwinden schnell. Da!: Anna,
Karin, Gudrun, Wiebke, alle noch so jung. Auch ich tauche auf,
halte eine Rede. Ich lese viel ab. Das Geburtskind hatte das
souveräner gemacht. Damals hatte ich offensichtlich noch keine
Rhetorik-Ausbildung und gab auch noch keine Rhetorik-Kurse.
Ich bin ganz in Schwarz gekleidet. Plötzlich erinnere ich mich:
Ein paar Jahre trug ich nur schwarze Kleidung. Warum nur? Die
Freundin erinnert sich plötzlich an ein »Schweigeseminar«, dass
Edit und ich gemeinsam in Ratzeburg begleiteten. Natürlich
gehörte der sonntägliche Gottesdienst dazu. Der Prediger war
ein hoher Kirchenmann. Er redete in seiner Predigt nur von
Brüdern. Das Wort **Schwestern** gab es in seinem Wortschatz
offensichtlich nicht. In mir begann es damals offensichtlich zu

brodeln. Ich hatte gerade meine kämpferische Phase, wenn um Emanzipation der Frau ging. Den anderen Frauen ging es wohl ähnlich. Nach dem Gottesdienst bei der Verabschiedung machte ich den Kirchenmann auf seine Sprache aufmerksam. Anwesende Frauen umringten mich. Immerhin versprach er, sich zu bessern. Ich hatte diese Geschichte vollkommen vergessen. Aber die Freundin erinnerte sich genau. Zum Abschied bekam ich von Sohn eine Kopie des Films als DVD-Kassette geschenkt. Da muss ich nun wohl ein paar ehemalige Mitarbeiterinnen einladen, um auch Ihnen den Film zu zeigen. Leider sind einige schon verstorben.

Corona 1

Ein Wort füllt den Tag, Corona, ein Virus, Corona-Pandemie, Corona-Krise, Corona-Zahlen, Corona-Tote, Corona- Genesende, Corona-Neuerkrankungen. Die Liste ist fortzuführen. Corona überall. Bleiben Sie zu Hause! Halten sie Abstand, mindestens 1,50 m! Tragen Sie eine Maske! Bleiben Sie gesund! Ein neuer Abschiedsgruß. Wir hören ihn, wo auch immer wir sind. Wir sind alt, beide 82 Jahre alt. Die Alten sind besonders gefährdet. Wie soll unser Leben nun aussehen? Wie sieht es nun aus? Wir sind ein Paar, welch ein großes Glück in dieser Zeit. Wir sind nicht allein. Wir wachsen zusammen. Achtsamkeit für den Ehemann, für die Ehefrau. Wir passen aufeinander auf.
Nichts geht mehr. Kein Klavierunterricht, kein Singen im Chor, keine Literaturgruppen, keine Scrabblegruppe, keine Doppelkopfgruppe. Kein Frühstück im Kaffee, kein Essen im Restaurant, kein Ostsee-Besuch, kein Nordseeurlaub. Kein

Besuch von Freunden und Freundinnen, keine Besuche in unserem Haus, unsere überaus tüchtige gute Seele, die unser Haus putzt, kommt nicht mehr, kein Gärtner. Was also bleibt? Liebevoll bereitetes Frühstück von Manfred, jeden Tag selbstgekochtes Mittagessen von Edelgard. Das Haus putzen, den Garten in Ordnung halten, jeden Tag eine kleine Wanderung, Einfelder See, Boldesholmer See, Friedhofs-Runde, jeden Tag ein Scrabble-Spiel, inclusive Kaffee, Tee, Keks, Zeitung lesen, Buch lesen, abends Fernsehen. Nachrichten, wieder Corona, Schule, wer und wann?, Pleiten, Arbeitslosigkeit, die Renten werden erhöht, welch ein Wahnsinn, Zahlen, Zahlen, noch ein Krimi? Lieber nicht. Jeden Tag Bilder von den Enkelchen, 2 ½ Jahre, 6 Monate, 4 Monate, Tammo, Lasse, Ellie. Gute, liebevolle Nachrichten. Die Literaturfreundinnen, die Doppelkopf-Freundinnen schicken kleine Filme, viel Musik dabei, Anruf einer Freundin, einsam, trotz Arbeit, ein Hilferuf. Ein reiches Leben für uns? Ja! Immer noch ein reiches Leben. Achtsamkeit, Zärtlichkeiten, Gespräche, Lachen, Erinnerungen an die Flucht, den Krieg tauchen auf und verschwinden wieder. Damals waren wir Kinder. Wir sind glücklich. Der Andere ist da. Angst haben wir nicht.

Corona 2

Mein Kopf gefüllt mit Zahlen. Das ist neu. Es waren eher Tagesereignisse, Freude, Ärger, Planungen, Kinder, Enkelkinder, immer noch ein Terminkalender, die meinen Kopf füllten. Jetzt sind es plötzlich Zahlen. Ansteckungsfaktor 0,75, 1.000 000, 1. 000 000 000 Euro verteilt der Staat. Und es werden immer mehr mir völlig abstrakte Zahlen, die der Staat ausgibt, die uns Virologen täglich neu präsentieren. Mir macht das Angst. Nicht meine Gesundheit, nicht Corona treibt mich um, sondern Zahlen. Ich denke an unsere Enkelkinder, Anne, 24 Jahre, gerade mit ihrem Studium fertig, Leon, 18, jetzt mündig, kurz vor dem Abitur. Tammo, bald 3 Jahre mit ungeheurem Bewegungsbedarf, Lasse, sein Ehrgeiz gilt jetzt dem Vorwärtskommen, dem Krabbeln, er will seine Welt anfassen, erreichen. Ellie, zufrieden im Körbchen, Mama ist da, Papa auch. Wird mein Leben jetzt geschont und mit ihrer Zukunft bezahlt? Sie werden es sein, die diese Berge, diese Billionen abtragen müssen. Ich bin 82 Jahre. Ein langes Leben. Alle Facetten, die ein Leben bieten kann, habe ich durchlebt. Krieg, Vertreibung, Armut, Wiederaufbau. Nach Jahren der Benachteiligung von Frauen durfte ich mich emanzipieren. Zwei Ehemänner, Liebe, Leidenschaft, Untreue, Scheidung und das ganze bis auf die Scheidung noch einmal. Diesmal habe ich durchgehalten. Es hat sich gelohnt. Ein Beruf, der mich erfüllt, ausgefüllt hat. Er machte alles erträglich, half aus persönlichen Krisen. Jetzt erfüllte Jahre, mit Ehemann, Kindern und Enkelkindern, Freunden, Gruppen, Ehrenämtern, Achtsamkeit, Liebe, Wertschätzung. Aber die körperlichen Beschwerden nehmen zu, die Wirbelsäule, der Rücken, mehr Arztbesuche, Medikamente, Behandlungen ... Wenn es sein muss, kann ich auch gehen. Ich habe keine Angst vor dem Sterben.

Corona 3

Die Corona-Zahlen sinken. Regierungen verkünden über Zei
tungen und Fernsehen Lockerungen. Für viele Menschen heißt
das planen, sich vorbereiten, einrichten, ausmessen. Genaue

Regeln lassen noch auf sich warten. Restaurants, Hotels, Strände, große Geschäfte öffnen wieder. Menschen dürfen wieder ... Wir auch. »Bleiben Sie achtsam!«, »Halten sie Abstand!«, ist das Gebot der Stunde. Zu lesen, zu hören ist das allüberall. Der erste Schock ebbt ab, Demonstrationen für und gegen dieses und jenes, Verschwörungstheorien machen die Runde. Menschen in Rudeln, sind zu sehen. Und was machen **wir** nun? Auch wir planen. Unser Urlaub mit den Kindern auf Sylt soll nun Ende Juni, Anfang Juli stattfinden. Vielleicht können wir unsere geplante Kur doch noch im Herbst dieses Jahres antreten. Die Wirbelsäulen zwacken und zwicken. Wir planen, zögerlich, aber wir planen. Frühstück und Mittagessen im Restaurant? Vorbestellen, planen ist nötig. Na, mal sehen. In unserem Tagesablauf hat sich wenig verändert. Bei unseren Spaziergängen halten wir Abstand. Die Gesichtsmaske gehört zum Alltag. Wir kochen jeden Tag, versuchen, gesund zu essen. Gemüsepfanne, Fisch mit Kartoffeln und Spitzkohl, Linsensuppe, Spinat mit Spiegelei, Putenschnitzel mit Pilzen, Pilzpfanne, Chicoréesalat mit Apfelsinenstückchen, Spargel, Spargelsuppe, grüner und weißer Spargel, Pfirsiche. Noch teuer und geschmacklos. Lieber nicht. Apfel- und Gurkenstücke zum Frühstück. Erdbeeren schmecken auch schon. Jeden Tag gehen wir einige Kilometer. Wetter? Egal! Wir müssen uns bewegen. Die Stimmung zwischen uns? Meistens sind wir zufrieden. Wir vermissen nicht viel. Manchmal werden kleine Meinungsverschiedenheiten hochgekocht. Aber sie kochen nicht über. Schnell kehrt wieder Ruhe ein. Wir genießen unser Haus, sonnendurchflutet. Frühlingsgrüne Bäume, Schneeglöckchen, Rhododendron, rosa, rot, gelb, Schlüsselblumen, Taubnessel, weiß und gelb. Der Mai ist gekommen.

Die Frage bleibt. Was wird Corona machen? Wird es so schnell aufgeben? Die Hoffnung stirbt zuletzt, so heißt es doch.

Epilog

Ich habe viele Facetten meines Lebens zwischen 60 und 82 Jahren angesprochen. Auch Passagen meiner gesamten Lebenszeit – meines jetzt schon langen Lebens – kommen vor. Die Begegnungen mit Jugendlichen und Kindern, Enkelkindern nehmen einen breiten Raum ein. Sie haben mein Leben erfüllt, meine Kreativität, meine Geduld, mein Mitgefühl auch meinen Verstand gefordert. Scrabble – jetzt fast täglich mit meinem Mann – gibt mir auch Gefühl, dass ich mich fordere, meinen Wortschatz immer wieder aktiviere, mein Kombinationsvermögen und mein strategisches Denken trainiere. Ich bin der Meinung: Das ist ein gutes Gedächtnistraining. Angst, dass doch noch Demenz sich in meinem Gehirn einnisten könnte, schlummert in meinem Gedächtnis. Manchmal wacht sie auf, wenn sich Wortfindungsschwierigkeiten breitmachen.
Ich lese viel, radele täglich, gehe mit meinen Mann oft längere Strecken, halte immer noch zu wenig Kontakt zu Freundinnen und Freunden. Auch über meine Kirche denke ich oft nach. Am Ostersamstag sind in der Beilage des Schleswig-Holsteinischen Zeitungsverlages, einige Artikel über Kirche und Glauben. Manches spricht mich an. So schreibt Kathrin Emse in einem Editorial »Schwer zu glauben«, dass 58 Prozent der Mitglieder der Evangelischen Kirche sich als »nicht religiös« bezeichnen und zugleich 58 Prozent der Deutschen auf die Frage »Glauben Sie an Gott?« mit »Ja« antworten. Sie fragt sich, wie das zusammenpasst. Für mich passt das. Ich bin nicht »kirchengläubig«, eher kirchen-

kritisch. Ich glaube an eine »Kraft«, die für uns Menschen vieles bewirkt und bewegt. Ich kann diese Kraft auch Gott nennen.

Gestern, Ostersonntag, waren wir im Gottesdienst der Vicelin-kirche. Das ist unsere Gemeinde. Ein sehr festlicher Gottesdienst. Am Ostersonntag kann es in einer Predigt nur um »Auferstehung« gehen. Ich war schon auf dem Hinweg sehr gespannt auf die Predigt. Teile des Bachchores, vier Solisten, Sopran, Alt, Tenor und Bass und die »Capella Vicelina«, Neumünster auf Barockinstrumenten, gestalteten den Gottesdienst. Die »Toccate F-Dur« von Dietrich Buxtehude bildete den Abschluss. Vor uns saß eine Familie mit Kindern und Enkelkindern. Ein kleines Mädchen hatte das Down-Syndrom. Es war wunderbar, diese Familie vor uns zu erleben. Das Kind war so fröhlich und alle es Umgebenden, ob Kinder oder Erwachsene nahmen sich liebevoll der Kleinen an. Nun zur Predigt: Ein junger Vikar hielt sie. Sie war ganz traditionell auf die Auferstehung Jesu und unser aller Auferstehung ausgerichtet. Ich war verblüfft. Kann man heute als junger Pastor noch so predigen? Die Kirche war gut gefüllt mit jungen und alten Menschen. Das spricht für die Kirchengemeinde. Trotzdem: Ich hadere mit meiner Kirche. Bei solchen Predigten fühle ich mich als »Ungläubige«. Meine Kirche macht es mir nicht leicht.

Ganz ans Ende will ich noch setzen, dass drei neue Enkelkinder geboren sind. Das Leben geht weiter. Ich schaue erwartungsvoll in die Zukunft. Wie sie aussehen wird und wie lange sie noch andauert, weiß ich nicht. Ich hoffe, dass ich noch ein wenig zusehen darf, wie die Enkelkinder sich entwickeln, dass ich mit meinem Mann in unserem Haus noch frohe Stunden erleben darf und meine Gesundheit mir weiter erlaubt, »bewegt« am Leben teilzunehmen.

Ein paar Kontaktadressen, die mir bei meinem Altwerden geholfen haben:

Pflegestützpunkt, Neumünster, Großflecken 71
Individuell – unabhängig – kostenfrei
Seniorenbüro, Neumünster, Großflecken 71
Beratung, Aktivitäten, Vermittlung
Vorsorgemaßnahmen:
Rotkreuzdose – alles Wichtige kompakt verpackt.
Erhältlich beim Deutschen Roten Kreuz (DRK) Neumünster,
Schützenstr. 14- 16.
Ähnliche Angebote gibt es in vielen Städten Deutschlands.
In den Kirchengemeinden Neumünster gibt es viele Angebote für
ältere und alte Menschen. Sie bieten vor allem Geselligkeit und
Miteinander.

Meine Tipps für Biografie-Schreiber:

Besuchen Sie einen Schreibkurs. Schreiben Sie erst einmal kleine
Geschichten. Nehmen Sie dazu Ereignisse, die um die herum
passieren. Lesen Sie diese Geschichten vor und bitten um
Rückmeldung. Falls Sie jemals in Ihrem Leben Tagebuch geführt
haben, lesen Sie es jetzt wieder. Hier stecken wunderbare
Geschichten drin. Schauen Sie Ihre Fotoalben an und erinnern
Sie sich an die Ereignisse, die auf den Bildern festgehalten
wurden. Worüber wollen Sie schreiben? Vielleicht nur über einen
bestimmten Zeitabschnitt Ihres Lebens? Oder wollen Sie Ihr
ganzes Leben Revue passieren lassen? Legen Sie ihr Ziel fest.
Machen Sie eine Gliederung. Füllen Sie die Gliederung mit
Notizen mit dem, was Sie schreiben wollen. Fangen Sie an zu

schreiben. Wenn Sie noch keinen Schreibkurs und/oder eine vertraute Person haben, suchen und finden sie den/die, damit Sie regelmäßig Ihr Geschriebenes reflektieren können. Halten Sie weiter Augen und Ohren zu Ereignissen ihrer Geschichte offen. Fragen Sie Verwandte oder lesen sie passende Zeitereignisse. Seien Sie beharrlich. Glauben Sie an Ihre Sache!

Danksagungen

Ereignisse und Geschichten in meinem Buch sind oft so passiert, wie ich sie beschreibe. Aber vieles hat auch nur in meinem Kopf stattgefunden. Die Namen der beschriebenen Personen habe ich verfremdet. Ich habe vielen andere Namen gegeben. Hoffentlich gefallen sie ihnen, wenn sie sich wiedererkennen.

Ich danke allen im Buch beschriebenen Personen, dass sie mich in meinem Leben begleitet haben. Sie haben mein Leben reich gemacht, haben mir über die schwere Zeit des Todes meines Sohnes hinweggeholfen, mir zugehört, sind ein Stück mit mir gegangen und oft auch heute Begleiter, Freundinnen und Freunde. Sie machten und machen mein »Alt sein« und »immer älter werden« zu guten erfüllten Jahren.

Dir, liebe Alexandra Brosowski, danke ich wieder für die umsichtige und liebevolle Begleitung durch meinen Schreibprozess.

Danke 2

Für die Scrabbler in Deutschland und in aller Welt.

Ich danke besonders meinem Mann, der wann immer wir die Zeit finden, ein Spiel am Tag mir spielt und der mir den Besuch eines 3-tägigen Turnieres der ZEIT schenkte, als wir mit Scrabbeln gerade angefangen hatten. Ich war damals eine Anfängerin und hatte keine Ahnung von den Regeln. Ein Sprung in kalte Wasser, den er mir zutraute. Meinem viel beschäftigten Sohn, der hin und wieder auch Zeit für ein Spiel mit Mutter findet. Den Spielerinnen und dem Spieler der Scrabble-Gruppe Neumünster, die mit viel Begeisterung jeden 2. und 4. Montag im Monat mit Begeisterung und Einsatz spielen. Sie können gewinnen und verlieren. Dem Seniorenbüro der Stadt Neumünster, das uns einen Raum zur Verfügung stellt.»Scrabble Info Deutschland« und den vielen Ehrenamtlichen, die in ganz Deutschland Scrabble-Turniere vorbereiten und gestalten. Den Ehrenamtlichen, die ein Scrabble-Liga-Portal auf die Beine gestellt haben und es betreuen. Danke Euch allen. Ihr helft dabei, meinen Kopf altersentsprechend jung zu halten.